戦士ジャンヌ・ダルクの炎上と復活

竹下節子

白水社

戦士ジャンヌ・ダルクの炎上と復活

A ma Sainte Patronne

装幀　伊勢功治
カバー写真　佐藤　純

目次

はじめに

ルーアン。二〇一二年。

ちょうど五八一年前に、甲冑を剥がれた一人の小柄な少女がはじめて独房から引きだされて連れられてきた城の塔の中は、ひんやりしていた。ごつごつした厚い石の奥にある明りとりの窓からは狭い縦長の光がまるで影のようにどんよりと射し込む。螺旋の急な階段をのぼりながら、こんな場所にはたとえ王妃の身分であっても自分は住めないだろう、とつくづく思った。そんな過酷な環境の中で、あらかじめ死を約束された少女は、五ヵ月間も男たちに翻弄されながらも、彼女の戦いを、戦い抜いた。

戦う乙女ジャンヌ・ダルクは、三つの戦いを戦った。

今もその戦いは続いている。

彼女が生きて戦ったのは一七歳から一九歳にかけてのわずか二年ほどの間だった。最初の一年は馬に乗って戦場の人となり、最後の一年は、囚われの身となって異端審問の場で戦い、その間に、ランスの大聖堂での国王の戴冠という晴れがましい場を経て、最後はルーアンの広場に積み上げられた薪の上で生きながら焼かれるというこの世の天国と地獄を経験した。

死んでからは、五〇〇年以上も、彼女によって解放されたオルレアンで讃えられ続け、フランス革命の後に歴史家から民衆の聖女と持ち上げられ、一九世紀後半にはナショナリズムのシンボルと称揚され、二〇世紀初めにはカトリック教会に列聖されてフランスの守護聖女となり、アングロ・サクソン・フェミニズムのシンボルとなり、映画や戯曲やミュージカルのヒロインとされ、極左政治家の格好のマスコットとなり、二一世紀にはフランス大統領に生誕六〇〇年を祝われて胸像をその手につかまれた。

そのジャンヌ・ダルクが、生前も、死後も、戦い続けている三つの戦いとは、

世界史におけるナショナリズムの誕生とも言える英仏の戦い、

ジェンダーの戦い、

政治と宗教の戦い、である。

私は二〇世紀の終わりに『ジャンヌ・ダルク　超異端の聖女』を執筆した。当時ジャンヌ・ダルクといえば「中世に活躍して最期は火あぶりになった少女戦士」というイメージだったものに、「カトリック教会の聖女」であるという宗教的ディメンションの中で光をあてたのである。

その頃にはフランスでもそういう視点の研究がほとんど存在していなかった。フランスの大学人や研究者には啓蒙の世紀以来、伝統的に無神論的なスタンスがあるので、カトリック教会の側から歴史を見るというような視点は少なかったのだ。カトリックの陣営の学者と世俗の研究者との間に本当の接点ができていなかった。フランスでは、政教分離の長い戦いの中で、互いの偏見が膨らみすぎて、バイアスのかからない見方がなかなかできていなかったり、なかなか発表できなかったりしていたのである。

フランスからもカトリック教会からも適切な距離をとりやすい私にとっては、少し視座を変えるだけで、いろいろなものが取り放題の「宝の山」がたくさんあったのだ。

けれども、その後ですぐ、フランスでも第一線の歴史家たちがジャンヌ・ダルクの「聖性」を取り上げるようになった。カトリック史と民間信仰のフォークロアと政治史やフランス史が連合して、ついに、ジャンヌ・ダルク研究が新たなステージを迎えたのである。

前著で書き残したことはたくさんあった。二一世紀になって、前とは別の意味で、ジャンヌ・ダルクの持つ永遠の「同時代性」も新たに見えてきた。そんな時に、白水社の月刊誌『ふらんす』に連載の機会を与えてもらった「ジャンヌ・ダルク異聞」で、その一端を綴ることができた。その後、ジャンヌ・ダルクの生誕六〇〇年が祝われる二〇一二年に向けて、フランスでも、さまざまな新しい研究が出てきた。この本は、これからも続くであろうジャンヌ・ダルクの三つの戦いについて立体的に、複合的に、時代と空間を自由に動きながら、新しく見えてきたジャンヌ・ダルクの姿を紹介するものである。

「シャルル七世戴冠式のジャンヌ・ダルク」（アングル画）

序章
ジャンヌをめぐる記憶の更新と変容

＊生誕六〇〇年祭

二〇一二年はジャンヌ・ダルク生誕六〇〇年記念の年だった。

ジャンヌ・ダルクの生家のあるドンレミーとその周辺では、誕生日の一月六日以来さまざまな記念行事が繰り広げられた。五月末には「ドンレミーから東京まで」（日本におけるジャンヌ・ダルクの受容についての発表もあった）という講演会が開かれ、夏から秋にかけて芝居の上演や「ジャンヌの千一の声」というコンサート、「中世の暮らし」や「ジャンヌ・ダルクの神話から商業広告まで」というテーマの展示会、野外映画、光と音のスペクタクルなどが続いた。観光誘致が目的のイベントもあるが、ジャンヌ・ダルクはカトリック教会に公認された「聖女」であるから、はっきりと「巡礼」と銘打たれた行事もあった。

宗教的な聖人にしろ、歴史に名を残す英雄にしろ、その生地と活躍した場所と、死地とは当然後世の人々の「巡礼」の対象になる。ジャンヌ・ダルクの生地のドンレミーは、また彼女が神からのお告げを聞いた場所でもある。

ジャンヌ・ダルクの栄光の時期は一七歳の初夏から夏にかけての数ヵ月でしかない。その頂点は、一四二九年五月八日のオルレアン解放、七月一七日のランスでのシャルル七世戴冠式である。しかし

ドンレミーのジャンヌ・ダルクの生家

ランスでの主役はもちろんシャルル七世とランスの大司教だし、ジャンヌが敵地を強行突破してでもランスでの戴冠を実現させようとしたのは、そもそもランスが既に伝統的なフランス王の聖性を保証する場所であったからだ。二〇一二年、ジャンヌ・ダルクの命日である五月三〇日にはランスでもランス大学の歴史学教授が「ランスのジャンヌ・ダルク」という講演をした。週末にあたる六月二日と三日のジャンヌ・ダルク祭には、アーチェリーの演技を含む中世フェスティヴァルが催されて、大聖堂まで戴冠式の模擬行列が行なわれた。

二〇一二年は大統領選が行なわれた年だから、フランスの守護聖女でもあるジャンヌ・ダルクはメディアでも大きく取り上げられて、右翼ナショナリスト以外の政治家たちもそのイメージを利用しようとした。

といっても、ジャンヌ・ダルクがこのようにフランス中で祝われるようになったのは、実は、すでに死後四世紀も経っていた一九世紀半ば以降のことである。歴史に華々しく登場したものの二年後には火刑台で焼かれたジャンヌ・ダルクには墓もなく、半ば伝説的なキャラクターになっていたからだ。それなのに、フランス革命やナポレオン戦争の後になって、揺らぐフランスの自尊感情を復活させて煽る目的で、突然民衆の聖女として掲げられたのだ。それだけなら一時の社会的マスコットで終わったかもしれないが、まさかの裁判記録の詳細が発掘されて、中世の他のどんな歴史的人物にも劣らない生き生きとした存在感を獲得することになった。ジャンヌ・ダルクを「記念」することは時代を超えたフランス人の愛国心と誇りを担保するものとなったのだ。

＊オルレアンの熱狂

一九世紀の「ブーム」を待たずに、中世から一貫してジャンヌをヒロインとして記念してきた町がひとつだけある。もちろん、ロワール河沿いのオルレアンだ。だからオルレアンの町は二〇一二年のジャンヌ生誕六〇〇年祭の広告にも、必ず「第五八三回」のジャンヌ・ダルク祭だということを謳っている。オルレアンの町は一度たりともヒロインを忘れたことがない。一四二九年にオルレアンの町をイギリス軍の包囲から解放しフランスを救ったのは、たった一七歳の少女だったのだ。

オルレアンは毎年の記念祭を続けるほかに、もう一つの思いがけぬ決断を下した。一九世紀にジャンヌが全フランスで人気者になりつつあった時、ジャンヌ・ダルクを、オルレアンもフランスも超えた全カトリック教会の正式の「聖女」にするための手続きを開始したのである。フランス革命以来、フランスは「共和国」のアイデンティティをそのベースに据えてきたとはいえ、ナポレオンの帝政やシャルル一〇世の王政復古、第二帝政などの政治的危機を通過してきた。その間に常にあったのは、フランス王国の成立と存続に密接に関わってきたカトリック教会との緊張関係だ。キリスト教の「神」の名を借りずしてフランスに国としての聖性やオーラを求める人々の要求に応えることは難しい。ジャンヌ・ダルクが国境を越えた「聖女」になれば、「ジャンヌ・ダルクのフランス」は、共和国と教会、政治と宗教という二輪に支えられて進むことになる。

もともとフランスは、王の世俗的権威がローマ・カトリック教会の教皇の権威を利用しつつも牽制しようとしてパワーゲームを続けてきた国である。一九世紀末と言えば「政教分離」のさらに激しい戦いがくりひろげられた時代でもある。それはカトリック教会の建築物を国家が没収する形になった一九〇五年の政教分離法という過激な形に終結した。近代国家の成立と良心の基盤にキリスト教精神を据えたアメリカとは対極的に、近代フランスの国家は「無神論」というイデオロギーを掲げ続けざるを得ない仕組みになっているのだ。

けれども、その激動の時代は、普仏戦争（一八七〇－一八七一）の敗北や第一次大戦を含む国際的な試練の時代でもあったから、フランスはナショナリズムを必要とした。そして一国のナショナリズムを強固にするのは、政治と宗教と軍事という三者の提携である。ジャンヌ・ダルクは少女でありながらただの巫女や殉死者ではなく生身の戦士として戦場に突撃したからこそ、軍事のシンボルともなり得た。

二〇一二年のオルレアンでは、例年の解放記念日である五月八日（前夜祭は七日）を、六〇〇年前のジャンヌの誕生日である一月六日に前倒しして「記念の年」を開始した。オルレアンでは毎年、その年のジャンヌ・ダルク祭でジャンヌ・ダルク役を務める若い娘が選ばれる。前夜祭とは、前年のジャンヌ・ダルク役の娘が中世風の行列と共にやってきてその年のジャンヌ・ダルク役の娘（二〇一二年は高校三年在学中に選ばれたポリーヌ・フィネ嬢だった）に、シンボルである剣を渡すセレモニーだ。二〇一二年にははじめて大聖堂《カテドラル》がその引き継ぎの舞台となった。国会議員であるグルアール市長、カトリックのブルカール司教、陸軍大佐ら軍事関係者もスピーチをした（海軍関係者も、イギリス軍をかわしながらロワールを横断してオルレアンに入ったジャンヌを記念してジャンヌに帆船をあしらったデザインの記念メダルを発行している）。政治と宗教と軍事がまさに連携したのだ。

夜のオルレアンに勇壮な太鼓の音が鳴り響いた。キルト姿のスコットランドの軍楽隊も行進する（スコットランドはフランス軍と共にイングランド軍と戦ったからだ）。招待席には二〇〇五年にオルレアンの消防学校を首席卒業した若い女性の姿も見える。

年初めのこのセレモニーを皮切りに、ジャンヌ・ダルク祭の歴代のポスター展、マルチメディア・ホールの落成式、中世劇から日本の新作能まで、共和国のシンボルの女性像マリアンヌとジャンヌ・ダルクの関係についての講演や、歴史学会などのイベントが次々と開催された。解放記念日の五月八日が週日だったので振り替えられた週末の一二、一三日がクライマックスとなり、一一月一七日までさまざまな行事が続いた。

ジャンヌ・ダルクという国民的ヒロインのほとんど唯一で奇跡的な華々しい勝利と栄光の場所だったオルレアンは、近代以降の政治と宗教と軍事の連携を最大限に活用しながら、五三八年間も途切れることのなかった戦勝祝いを更新したのだ。

*ルーアンの葛藤

英雄の生涯を記念するには、「生誕の地」、「栄光の地」の他に、「死地」と「墓所」への巡礼が想定される。前述したように、ジャンヌ・ダルクの場合は、栄光の地であるオルレアンでの記念は一貫していたが、それはジャンヌ個人への崇敬ではなく、ジャンヌを遣わすことで町にもたらされた神の恩寵の記念であった。一九世紀の時点でのジャンヌは伝説的キャラクターであって、生身のヒロインではなかったので、巡礼の対象となる地はなかった。オルレアンの人々はジャンヌを慕ってオルレアンに住んでいるわけではなく、オルレアンにやって来て自由をもたらしてくれたジャンヌを記念していた。ジャンヌが国民的ヒロインになりつつあった時、ヴォージュ県は、ドンレミーに残っていた生家を買い取った。フランス中に甲冑に身を固めたジャンヌの勇姿の銅像が建てられ始めた。

けれども、ジャンヌの死地となったルーアンの町の感情は複雑だった。

一四一七年にイギリス軍に占領されるまでパリとリヨンに次いで当時のフランス第三の都市だったルーアンは、ジャンヌ・ダルクの火刑の悲劇以来、ひそかなトラウマを抱えていた。ジャンヌが捕らわれていたルーアン城は、イギリスのヘンリー王や総督であるベッドフォード公の居城となっていた。ジャンヌは二度、この城を出てルーアンの人々の前に引き出されている。一度目は、一四三一年五月二四日、サン＝トゥアンの修道院墓地の前で、異端条項を認めて「改心する」誓約に署名させられた時だ。イギリスの政治家や兵士たち、異端審問官、高位聖職者や町の名士たちが盛装して集まっていた。憔悴しきっていたジャンヌは故意に一部しか読み上げられなかった異端条項の終わりに、署名の代わりに十字を記した。改心した異端者は死罪にならない。ベッドフォードは怒ったが、独房に戻ったジャンヌには男装しか与えられていなかった。ジャンヌが男の服を再びまといさえすれば、火刑を可能にする「戻り異端」を宣告することができたからだ。五月三十日、よりセーヌ河に近い広場に、再びジャンヌは引きたてられた。異端者の帽子をかぶせられ死衣に身を包んでいた。広場は処刑を見にきたイギリス兵と町の人々でいっぱいだった。イエス・キリストの名を呼び続ける少女は、とても魔女には見えなかった。

一四四九年にイギリス軍が去り一四五五年にシャルル七世がやってきた時期に、かなりの数のルーアン市民が町を離れた。三〇年にわたるイギリス統治下で多くの人々が妥協し私利を得ていたのは不思議ではない。ルーアンの人々はいわばイギリス軍の共犯となってジャンヌの火刑を容認した。一四〇〇年前のパレスチナでナザレのイエスがローマ兵の手によって十字架に釘打たれた時に、それを黙認したりはやし立てたりしたエルサレムの人々と同じ立場だったのだ。

ルーアン城は一二〇四年にフィリップ二世がノルマンディをイギリスから奪回した時に、ローマ時代の遺跡あとに建てたものだった。七世紀の最初のルーアン司教である聖ロマンのチャペルがあった。ジャンヌは大司教館ではなく、イギリスに占拠されたこの城の塔のひとつに閉じ込められた。城が廃墟となった後もその塔は「乙女《ピュセル》の塔」と呼ばれて残っていたが、残骸は一八〇九年に取り壊された。最後に残ったのは、東側にある塔の一階と二階部分だった。それも崩れそうになっていて危険であったために一八四〇年には取り壊しが決まっていた。

ジャンヌは最後に残っていたその塔にも少なくとも一度は連れてこられた。一四三一年の五月九日にそこで拷問道具を見せられたのだ。大ていの異端者は拷問台を見ただけで震えあがって異端の罪を認めたらしい。ジャンヌは拷問によって言わされたことは後で取り消すと明言することで拷問を避けることができたという。また、前年末にコンピエーニュで捕らえられたジャンヌが最初にルーアンに連れてこられてから異端審問が始まる三月までの間にこの塔で鉄の檻に入れられていたという歴史家もいる。

残存するこの塔を、ドンレミーの生家のようにルーアンの巡礼地にするべきだと考えたヴォージュ県の議会は、ルーアン市長に懇願の手紙を送った。フランス中から寄付金が集まり、ルーアン市は一八六八年にようやく塔を買い取って三階部分と屋根を復旧して、「ジャンヌ・ダルク塔」と名付けて記念館にした。マーク・トウェインが寄贈した自作の「ジャンヌ・ダルク」の手稿が今でも見られる。

けれども「火刑にされるジャンヌ」の像の制作はルーアン市民の抱く罪悪感のために否決された。二〇世紀初めにようやく彫刻家レアル・デル・サルトのものが採用されて像は完成し、同じモデルがドンレミーのサン＝レミ教会にも据えられた。像の中にはルーアンの火刑台の下の土が聖遺物のように入れられた。

ルーアン駅からセーヌ河に向かって真っすぐ降っていくジャンヌ・ダルク通りの左手にその塔は立っている。ジャンヌが拷問台を見せられて脅された部屋には、町のミニチュア模型が飾られていて、「毛織物産業で栄えたルーアンは一七世紀にはパリに次ぐフランス第二の都市だった」と誇らしげなキャプションがつけられている。ルーアンは、セーヌ河の水運を利用し大西洋へと道を開くル・アーヴルへのアクセスも良く、ルネサンス以降におおいに繁栄したのだ。中世の一時期にイギリス軍に占拠され、町の名士も聖職者も庶民もよってたかって一九歳の少女を生きながら焼いたなどという過去は、実はルーアンがずっと封印してきたものだった。ドンレミーの生家を買ったヴォージュ県から促されてジャンヌにまつわる最後の「遺跡」の購入修復を決めたものの、ルーアン市民の感情はまだまだ複雑だった。ナショナリズムの高まる他の都市で騎馬のジャンヌ像が建てられていった時、ルーアンは「火刑台のジャンヌ」の像を作るのに躊躇し続けた。

ルーアンの「ジャンヌ・ダルク塔」

今でもそのアンビヴァレントな感情はルーアンを縛っている。ゴシック様式のサン＝トゥアン修道院教会に隣接する堂々とした市庁舎の前に建てられた巨大な騎馬像は、オルレアンのようにジャンヌ・ダルクの勇姿ではない。

ナポレオンの像である。

ナポレオンは一八〇二年に産業振興のためにルーアンの織物工場を視察した。コルネイユ通りと共和国《レピュブリック》通りを造らせた。銅像はアウステルリッツの戦いで没収した大砲からリサイクルしたブロンズで制作された。

ナポレオン三世の第二帝政時代（一八五二―一八七〇）の一八六二年に造られた皇帝妃《アンペラトリス》通りは後にジャンヌ・ダルク通りと名を変え、二〇世紀半ばにはその先にジャンヌ・ダルク橋が架けられた。

ジャンヌ・ダルクの文字通り死地である火刑が執行された広場のことも長い間忘れ去られていた。ジャンヌ・ダルクは戻り異端としていったんは処刑されたがシャルル七世が全フランスを回復してから は異端裁判の無効審査が行なわれて「復権」している。神の遣いとして軍を率いてオルレアンを解放しシャルル七世を戴冠式へと導いたジャンヌを、火刑に処せられた、すなわち魂が残らぬよう、また復活しないように焼き尽くされた魔女のままにしておくことが政治的に不都合なのは明らかだった。

ジャンヌは一四五六年に復権した。異端審問判決の無効を宣告したのはローマ教皇カリクストゥス三世だったが、公式の審理は異端審問と同じルーアンの大司教館で行なわれた。今も残るその建物の門の両脇には、左側にジャンヌの異端宣告、右側に異端宣告の無効を記念する銘板が固定されている。そして、無効宣告は、二五年前にジャンヌが最初に公の場所に引き出されて見世物にされて異端を棄てる書類に署名させられた場所であるサン＝トゥアンの墓地で行なわれた。その墓地も今はなく、緑の芝生が広がるばかりだ。

この無効宣告には、無効裁判によって殺されたジャンヌの火刑台跡に十字架を建てることが指示されていた。ところが、十字架に代わってジャンヌを記念するピュセルの泉という記念碑がようやくピュセル広場に建てられたのはそれから半世紀以上も過ぎた一五二五年であった。その最初の記念碑は途中で建て替えられたが一九四四年には戦災で焼失した。しかも、火刑台の跡だと思われていたそのピュセル広場は、実際の火刑の場所ではなかった。そこから少し北西にあるセーヌから離れた旧市場広場がその現場だということが、一九世紀のキシュラの研究によって初めて特定されたのだ。それでも、「正しい場所」に記念碑が建つのは、一九二〇年のジャンヌの列聖を待たねばならなかった。

「無実の罪で殺された少女」だけでは足らなかった。カトリック教会によって正式に「聖女」として、フランスの守護聖女として認定されてはじめて、ルーアンは「聖女の殉教地」となったのだ。モネの絵画で世界的に知られたルーアンの大聖堂の中にはジャンヌ・ダルクのチャペルが設けられた。

一方、ジャンヌ・ダルクというヒロインに夢中になった一九世紀の共和国主義の愛国者たちはジャンヌがカトリック教会に取り込まれるよりも前に、「民衆の聖女」の巡礼地を造ろうと試みていた。歴史家ジュール・ミシュレ（一七九八－一八七四）の義理の息子で政治的野心を持っていたアルフレッド・ドゥメニルは、ルーアンの北に二〇メートルの高さに据えられた台座にそびえる騎馬のジャンヌ像を中心にした「ジャンヌ・ダルクの町」を建設しようとした。通りにはドンレミーやランスやオルレアンなどゆかりの場所の名が冠される予定だった。英仏の共同出資の計画も持ち上がった。ジャンヌを抹殺した英仏の両方が禊《みそぎ》を通して連帯することが標榜されたわけだ。しかしこの計画も一八六八年に頓挫し、騎馬像も公共の場所ではなく大司教館の中に置かれることになった。

ニューヨークの自由の女神を摸して中に入って登れる甲冑姿で剣を掲げる巨大なジャンヌの像の建設も計画されたが実現を見なかった。ジャンヌの真の死地である旧市場の広場に火刑の日の様子を再現するというテーマパーク並みのプランも出されたがそれも頓挫した。

一八七八年からは火刑台に点火した後で、ジャンヌの遺灰が捨てられたセーヌ河の、いまは鉄橋になっている橋に若い女性たちが花弁をまくなどの記念祭が行なわれるようになったものの、戦中や六八年五月革命の時など何度か中断していて、アンビヴァレントな感情は隠せない。

一九二〇年には国会が、ジャンヌに感謝する記念建築をルーアンに造ることを正式に決定したが、その計画も放置された。

一九四四年、ノルマンディに上陸した連合軍の爆撃がルーアンを襲った。共通の敵はドイツ軍であったが、連合軍の爆撃が大聖堂の一部を壊しジャンヌ・ダルクのチャペルが破壊された時、「犯罪者は犯罪現場に戻ってくる」というポスターが作られた。それほどまでに、ルーアン市民の罪悪感の回避のためには「ジャンヌ・ダルクを殺したイギリス人」というイメージがずっと必要だったわけである。

幸か不幸か、この爆撃によって広場の中心にあったサン＝ヴァンサン教会が破壊された。一九二〇年に決まっていたはずのジャンヌの記念建造物建築のプランが再び持ち上がった。一九〇五年の政教分離法以来、その前からあったカトリック教会は公的所有物となっている。爆撃されたのはカトリック教会で、ジャンヌはカトリック教会の聖女だ。共和国は国立の記念堂としての聖ジャンヌ・ダルク教会を公費で建設することにしたのだ。

といっても戦後すぐに計画が実行されたわけではない。戦後のフランスの復活を鼓舞するようにド・ゴール大統領はオルレアンのジャンヌ・ダルク記念祭に姿を現したが、ルーアンにはだれも来なかった。ようやく、一九六四年に文化担当大臣だったアンドレ・マルローがやってきて、広場で演説をした。

「一四三一年五月三〇日、もう何も残っていなかった。突然、希望が見えた」と、オルレアンならぬパテイの戦い（四六頁参照）に言及し、ジャンヌが世紀を超えて燃えた騎士道の炎の中で燃え尽きたことを喚起し、「ああ、ジャンヌ、墓もなく肖像画もない君は、英雄の墓が生者の心の中にあることを知っていた」という有名な言葉を残したのである。

さまざまな政治的思惑の末にようやく、伝統的な教会建築とは全く違うバイキングの船か巨大な魚を想わせる斬新なデザインが選ばれ聖ジャンヌ・ダルク教会は完成を見た。中にはサン＝ヴァンサン教会にあったステンドグラスも配されたが、チャペルもなく、キリストの磔刑像もなく、細い金色の十字架があるだけだ。「無神論者が入ってもショックを受けない」と評された。ジャンヌ・ダルクをめぐって世俗の権力と宗教の権威が常に互いを牽制しつつ利用してきたことを象徴するようなデザインであった。それでも、ジャンヌ・ダルクの殉教の地に「巡礼」に来た人の目には、教会のせり上がる屋根は、確かに、火刑台の炎に見えた。

教会のすぐ前の、火刑台のあった場所に樹木の幹を摸した高い白い十字架が建てられた。その高さは火刑台から噴き上がる炎と煙の行方を暗示しているようでもある。十字架を見上げるように、教会の壁には縛られた両手首を胸の前に挙げて指を組み唇をうっすら開いているジャンヌの像が置かれ、毎日新しい花束が供えられている。一九七九年の落成式にはジスカール・デスタン大統領がやってきた。カトリック国とユニヴァーサリズムの伝統を引きずりながら無神論イデオロギーによって共和国主義を強固にしようとしてきたフランスの抱える矛盾が、この不思議な教会に露呈しているようでもあり統合されているようでもある。

これが、オルレアンの聖ジャンヌ・ダルク教会なら分かりやすい。そこでは剣を持った甲冑姿のジャンヌ・ダルクの横顔が彫られた各種のメダルが販売されている。オルレアンのジャンヌ・ダルクは「聖女」のお守りグッズとして携帯可能なイコンになっているのだ。神道で非業の死を遂げた人物を神に祀ることで祟りをご利益に変えてしまうプロセスとも似ている。世俗があつかうと病理が生まれてしまうようなケースでも、宗教があつかうとやすやすと悲劇性が昇華されることがあるのだ。宗教色を必死で中和しているルーアンの教会には聖女のグッズは売られていない。

フランス史の人物の中でジャンヌ・ダルクと並んで最も多くの言葉を紡がれているのはヴェルサイユ宮殿を造った太陽王ルイ一四世とナポレオンである。この二人の「記念グッズ」なら観光地で手に入るが、身につけることのできるお守りグッズは存在しない。

二人ともジャンヌと同様に戦場でフランスの栄光を体現した。ルイは王となるべくして生まれ王として死んだが、ナポレオンはフランス領になったばかりのコルシカ島で生まれ、イギリス領のセント＝ヘレナ島で死んだ。この二人は一九歳で殺されたジャンヌとは違って実際に大きな権力を掌握し、フランスの外へ攻めていって領土を拡張しようとした。ジャンヌは戦場に出たが、自分の国を侵略者から守っただけだったのに、イギリス軍はフランスでジャンヌをとらえて火刑にしてしまったことで殉教処女を生んでしまった。イギリスにとって、百年戦争最大の戦略の誤りであったといえるかもしれない。この誤りはナポレオンに対しては繰り返されなかった。ナポレオンは公開処刑されたりせず、殉教者として崇敬されるチャンスを与えられなかったのだ。それでもナポレオンの遺骸はフランスに運ばれてアンヴァリッド（廃兵院）に安置された。追悼の「巡礼地」は確保されたのだ。遺体もなく墓もないジャンヌ・ダルクはカトリック教会の聖女になることで国境を越えた。

＊暴力と追悼の風景

魔女とされたり聖女とされたり殉教者とされたりしたジャンヌ・ダルクの扱われ方の変転を見ていると、ケネス・Ｅ・フットという地理学者が『記念碑の語るアメリカ――暴力と追悼の風景』で展開した論考のことが想起される。災害や暗殺などの惨事が発生した場所のその後の変容を「聖別」、「選別」、「復旧」、「抹消」という四つのパターンに分類したものだ。

「聖別」は、原爆ドームや、世界貿易センターの跡のグラウンドゼロや、アウシュビッツ跡のように、慰霊碑や記念碑が建立されたりして巡礼の場になることで被害の場が保存されるが、その対極である「抹消」は早く忘れたいとみなが願うような恥辱をともない、事件の痕跡がすべて消し去られてしまう。「選別」と「復旧」はその間に位置する。事件の起こった場所をマーキングし、その記憶を弱く保存するのが「選別」で、悲劇の痕跡が消された跡地がニュートラルな通常使用に戻るのが「復旧」だ。それらを決めるのはある共同体に大きなインパクトを与えトラウマを残すような事件の記憶を、人々が消化してゆく自然なプロセスによるものであったり、為政者による政治的判断によるものであったりする。

政治的なリーダーなどが暗殺・殺害された現場も、墓所への「巡礼」の他に、いわば殉教地として「聖別」の対象になる。被害者が自分の属する共同体の中で死んだ場合は、悲劇と共同体との関係が密接である分、死の現場は殉教地になりやすい。加害者がよそ者だからだ。それに比べると、南北戦争のような内戦の場合は誰が誰をどこでどのように聖別するのかがずっと複雑になるという。ジャンヌのように、フランス国内のイギリス占領地でフランス人たちの暗黙の合意の元に殺された場合にも同じ複雑さが生まれた。悲劇の場所を抹消するパターンは、恥辱の意識がより鮮明であるために、さらに微妙な問題を孕んでいる。ルーアンがジャンヌの火刑の現場を記録と記憶から抹消していたのも理解できる。ジャンヌの受けた屈辱と苦難の痕跡はことごとく消し去られたのだ。審理をすべて書いて残すというカトリック教会のシステムのおかげで裁判記録が発見されてから、ルーアンは、事件の起こった場所、ジャンヌが火あぶりになった広場を「マーキング」により、記憶すべき場所として「選別」することに方針を変えざるを得なかった。それは住民たちの抱いていたわだかまりのカタルシスにはつながらなかったけれど、カトリック教会による列聖手続きの儀礼性によって、その場所は「殉教地」としてやがて「聖別」されることになった。

ジャンヌ・ダルクに加えられた野蛮な暴力と悲劇的な結末は、彼女がうら若い女性であったという事実によって、その死を追悼しようとする人々にいっそうのトラウマを与えている。フットは、アメリカ社会が、大量殺人のような事件から生まれる恥辱感を、人々の記憶や場所から拭い去るための「浄化の儀礼」をもっていない、と述べている。けれども、無力な少女ジャンヌを見捨てたり殺したりした罪悪感をぬぐい去る「浄化の儀礼」は、フランスにおいても、時代と場所と政治的立場によって変容しつつも決して終わることがないのは明白だ。アメリカだけでなく、すべての国家権力は自らが暴力装置でもあるので、無垢の少女の死とそれに伴う恥辱の感情を完全に浄化、払拭することなどは不可能なのである。罪なき神の子であるのに鞭打たれ公開処刑されたナザレのイエスを救世主とするキリスト教文化の社会が、人類の罪の贖いや犠牲というレトリックを掲げるかたわらで、裏切り者ユダや神殺しのユダヤ人という「悪の化身」をも必要としてきたのと同様だ。人間とは「不当で暴力的な死」という不条理の前で根源的な恥辱を感じる存在であるらしい。

だからこそ、ジャンヌ・ダルクの生涯を知った者はみな何かを問われ続ける。そして、不条理の連続のような状況を通してジャンヌのとったふるまいにあらためて驚かされるのだ。男装して馬に乗って敵地を横切り王太子に会いに行った日々、侮蔑や揶揄や恫喝や不信の嵐、戦場での興奮と戦傷、捕虜となり、投獄され、魔女と呼ばれ、騙され、罠にかけられ、セクハラ、パワハラにさらされた試練の日々に、ジャンヌは、昂然と頭をもたげて最初に信じた道を貫くことをいつも選択した。与えられた状況がどんなに困難でも悲惨でも、その中でどのようにふるまうかが人の価値を決めるのだと、ジャンヌは示し続ける。

それゆえに、ジャンヌ・ダルクの悲劇を浄化し続けるのはいつまでも彼女自身である。一方で、ジャンヌ・ダルクの記憶をどのように紡ぎ更新するかによって問われ続けるのは、私たちの人間性にほかならない。

第一章
英仏の戦いとナショナリズムの萌芽

＊日本人が知らない英仏関係の実態

ジャンヌ・ダルクを語るとき、一五世紀前半におけるイギリスとフランスの敵対関係とはいったいどのようなものだったのか、あるいは、歴史の中でジャンヌ・ダルクが想起されるたびに更新されている今に続く英仏関係の実態はどういうものなのか、という問題にいきつかざるを得ない。

フランスで流布している通説には次のようなものがある。

イギリスはノルマン王によって征服された（一〇六六）ので長い間公用語はフランス語だった。だから、もし百年戦争（一三三七－一四五三）でイギリス王がフランス王になっていたら、「イギリスがフランス化した」はずだ。イギリスは所詮島国でフランスよりも気候などの自然条件に恵まれていないので、彼らの方が大陸進出を夢見たのだから、侵略は一方通行だった。大陸には自然においても文化においてもそれだけの求心力がある。

このような言説を聞くと、私たちはつい、島国日本と大陸中国や朝鮮との関係を想起してしまう。

日本人の先祖がたとえ大陸から渡来したのだとしても、日本が中国の宗教や文化や文字を一方的に輸入したとしても、豊臣秀吉の朝鮮出兵や近代における朝鮮や満洲の植民地化があったとしても、「日本が大陸化する」ことなどが可能であったとはとても思えない。

幕末から明治にかけての近代化の時代においては、日本は、「欧米」諸国から「文明」を輸入しようとした。多くの政治家が欧米各国を視察し、外国人を招聘し、各国語の専門家も養成し、政治形態、法学や兵法、建築、技術、産業のそれぞれを比較して、日本の国情にあったものを寄せ集めてプラグマティックに促成の「近代」を築いたのだ。その時に、プロテスタントの植民者が築いた新大陸アメリカはもちろん、ヨーロッパ各国同士の歴史の複雑さや葛藤の実態を分析している時間などなかったし、俯瞰的な視座を持つこともできなかった。彼らのルーツにあるキリスト教の枝分かれの意味も分からなかった。

さらに、近代日本はイギリスと同盟を組んだり、その後、ドイツやイタリアと同盟を結んだりした。鬼畜米英と叫んだ第二次大戦の後には、戦禍がほとんどなく繁栄したアメリカ一辺倒になった。「欧米」の情報は英語でのみ伝わることになった。

そんな日本にとって、「英仏の関係の実態」はとても想像がつかない。第二次大戦ではどちらも最終的には連合国側として戦勝者になっている。ところがフランスは、一九世紀後半以来たえず戦っていたはずのドイツと組んで、戦後早く欧州石炭鉄鋼共同体を発足させて今の欧州共同体の核をつくった。イギリスはいつも少しよそ者扱いだった。

一方、王侯貴族のレベルで見ていくと、中世以来姻戚関係が入り乱れて、フランス王はスペインの王女やオーストリアの王女などと婚姻を繰り返しているし、イギリスやドイツも同様で、それは多かれ少なかれ今も続いている。二〇〇三年のイラク派兵に関しては英米が協力したのに独仏は頑強に異を唱え、二〇一一年のリビア介入についてはイギリスとフランスが率先して音頭をとった。派手にいがみ合っている時でも、英仏海峡をくぐってパリとロンドンをつなぐユーロスターはいつも満員だ。しかしそのすぐ後のギリシア倒産のユーロ危機においてはイギリスはあっさりと独仏中心のユーロ・グループを見捨てて席を蹴っている。

日本がもし「友好国」との間でそのようなころころと変わる対応をしたらいったいどのような非難を浴びせられることになるのか想像もできないが、彼らには、その度に、それなりの落しどころがあるらしい。また、イギリスと言っても一枚岩ではない。ジャンヌ・ダルクがフランスから追い出そうとしたイギリスとは文字通りイングランド兵であり、イングランドと仲の悪かったスコットランド人は百年戦争を通じてフランス軍と共同で戦った。イングランドとスコットランドとウェールズがグレート・ブリテンを形成するのはずっと後（一七〇七）になる。日本人がそんな事情を意識するのはサッカーの世界大会のときくらいだろう。

＊中世における英仏の確執

ジャンヌ・ダルクというと、神の声を聞いてイギリス軍を追い出せと言われて剣を取り、オルレアンを奪還してフランス王を即位させたのに、あわれイギリスに捕らえられて殺された、という英仏対立二元論の中で語られるものの、それには、パリ大学だのカトリック教会だの悪名高いフランス人司教コーション（後述）が関わっていることも知られている。当時の政治状況において英仏の敵対関係とは本当はどういうもので、それがその後の歴史にどういう方向性を与えたのだろうか。

中世においては、英仏の確執と言っても、プランタジネット王朝（一一五四–一三九九）とカペー王朝（九八七–一三二八）の頃までは、単に、有力封建諸侯をまとめる「王」同士の争いの延長でしかなかった。しかも、一〇六六年にフランス王の封建諸侯であるノルマン公ウィリアムがイングランドに渡って、それまでアングロ・サクソンの諸侯をまとめていたアングロ・サクソンの王を倒してからは、民衆と乖離した「フランス人」文化がイギリスの宮廷を形成していた。当然彼らはフランス語を話し、子女をフランスの有力諸侯に嫁がせたり、フランス貴族の子女と婚姻したりした。ノルマン朝のイングランド王たちは、同時に、ノルマン公でもあり、フランス王に対しては封建諸侯の関係を保ち続けた。その点ではフランス人アイデンティティが変わっていなかったと言える。その後、他のフランスの諸侯との相次ぐ姻戚関係と相続によって、「イングランド王」のフランス内の領地は増えていく。

ノルマン朝三代目のヘンリー一世が一一二〇年に嫡男を亡くした後、次の王位は、フランスでロワール沿いの領地を有する甥（妹の息子）のブロワ伯と、同じく、ノルマンディより南の内陸部であるアンジューの領主である孫（娘の息子）アンジュー伯が争ったが、前者の死後に後者がヘンリー二世として一一五四年にプランタジネット王朝を開いた。そのヘンリー二世はフランスのアキテーヌに所領を持つアキテーヌ公の娘アリエノールと結婚し、この王朝はアンジュー帝国といわれるほどの広大な領地を支配するようになった。しかしフランス内の領地については、フランス国王の封建諸侯に準じる立場であるはずだった。ヘンリー二世の息子のリチャード獅子心王に至っては、アキテーヌで育ち、英語も話さず、イングランドにもめったに滞在せず、十字軍遠征に情熱をかけて、費用の捻出のために、父が臣従させたスコットランド王との封建関係を解消したり、イングランドを資金源にしたりした。大陸では、フランス王の直轄領よりも広大な地域を支配していたので、フランス王に所領を狙われるのを牽制して戦いを繰り返した。

この、獅子心王とフランス王との戦いなどは、今の我々から見ると、単なるフランスの大領主同士の内戦でしかない。周辺の諸侯にとっては、姻戚の可能性も含めてどちらに味方するかという政治的判断が重大問題だったろうが、兵士たちに蹂躙される庶民や農民たちにとっては、迷惑極まりない人災でしかなかっただろう。このような複雑な姻戚関係が、王位継承問題に端を発して一四世紀に勃発した英仏百年戦争の根源にあるので、今のようなアングロ・サクソン系イギリス対ラテン系フランスというような図式は確かに成立しようもなかった。

そのような対立が始まったのが百年戦争のあたりだったことは確実だ。双方の王がそれぞれの軍隊を率いていた一三四九年のクレシィの戦い、一四一一年のアザンクールの戦いなど、どちらも、ノルマンディやピカルディでイギリス軍の進軍を食い止めようとするフランス軍の完敗に終ったことが、シェイクスピアの戯曲によって広く語り伝えられたことからもそれが分かる。『ウィンザーの陽気な女房たち』のフォルスタッフはアザンクールで勇名を馳せた将をモデルにしていた。中世の戦争においては、兵士が陥落させた都市や農村にあるものを自由に収奪することは常識であった。イギリス兵は英仏海峡を越えてフランスに渡っては、富裕な国が焦土となるまで、あらゆるものを戦利品として持ち帰った。当時の年代記作者のジャン・フロワサールによると、遠征軍が凱旋したロンドンではフランスの衣類、毛皮、家具、銀器、宝石などで家々が飾られていたと言う。

これに対してフランスの貴族連合軍は窮乏し、村落は廃墟と化した。セーヌ下流の交易は遮断され、王は貨幣の改悪策をとり、穀物の価格が跳ね上がった。それに鞭打つように、一三四八年から半世紀もの間ペストが蔓延した。職人のギルドと大学と聖職者が三大勢力を分け合っていた首都パリでは市長エティエンヌ・マルセルらが王政を廃止しようと市民戦争を企て（一三五八）、戦乱の犠牲者だった北フランスでは農民たちが一揆を起こした。つまり、後に賢明王と言われるほど傑出した人物であったシャルル五世（一三三八－一三八〇）がブルターニュのデュ・ゲクランを元帥にして情勢を挽回するまでのフランスは、イギリスが敵だとか愛国心だとかいう以前に、すでに十分疲弊し混乱していたのである。

イギリスの方では、ノルマン王朝以来、フランスに対するアングロ・サクソン人の敵意が当然生まれていた。貴族の子弟は母国語としてフランス語を話せたが、一般人は教育を受けるためには、学校でフランス語を習得しなくてはならなかったからだ。英語（中英語と呼ばれる古語）は庶民の言葉だった。けれども、一四世紀の後半からは風向きが変わり始めた。カトリック教会が絶大な力を持つ時代に、後の宗教改革の先駆者とも言われるジョン・ウィクリフ（一三二〇頃－一三八四）が、初めて聖書を英語に訳して「人民の、人民による、人民のための」というコンセプトを打ち出した。聖書がラテン語のみで書かれていた時代には、ラテン語から派生したイタリア語やフランス語などのロマンス語圏のほうが、はるかに宗教の中枢に近づきやすい。実際、一四世紀のはじめは、バビロン捕囚にもたとえられたアヴィニョン教皇庁の時代で、南フランスに移された教皇庁に住むフランス人教皇がフランス王と連携していた。一三七七年にようやくフランス人教皇がローマに戻ったものの、翌年逝去して、一四一七年まで、ローマとアヴィニョンに二人の教皇が立つという大分裂時代に突入していた。ラテン語聖書の英語訳は、アングロ・サクソン人にとってキリスト教を真に民族アイデンティティに取り込む画期的なものだったといえるだろう。

同時代に、文学では、チョーサー（一三四三頃－一四〇〇）が出て、はじめて世俗の中英語による『カンタベリー物語』を書いた。司法の言葉にも英語が現れるようになった。このようにイングランド王国と英語の関係が強くなってくると、大陸の英国領内で英語が通じない状況に不満の声があがるようになった。イギリスから離れたフランス西南部のギュイエンヌでガスコーニュ語を話している人々に英語を押しつけることはさすがに不可能だったが、イギリスに向かい合ったノルマンディとなると、英語とフランス語の対立は深刻なものになっていった。百年戦争の間、英仏は何度も王侯貴族の婚姻によって緊張を緩和し状況打開を図っていた。そのひとつである一三九六年のカレーにおける、フランス王シャルル六世の幼い娘イザベルとイングランド王リチャード二世との政略結婚の宴席では、英仏は席を分け、イギリス側が煮た肉とビール、フランス側が焼いた肉とワインを供されてそれぞれの国の「習慣」に従ったと言われる。

オルレアン公の大使でブルゴーニュ軍との戦いによって一四一八年にパリで戦死したユマニストのジャン・ド・モントルィユは、イギリス人への憎悪を語り、イギリス人の嫌うものを愛し、イギリス人の好きなものを嫌うようになったとまで言った。ジャンヌ・ダルクが生まれた頃には、イギリスが独自の言語や文化とセットになった国として認識され、それが「フランスの中」に鎮座することが耐えられないという感覚が生まれていたわけである。

百年戦争の間に英仏は、互いを憎悪する中で、相手のイメージのネガとして、自分のアイデンティティを少しずつ築くことになった。相手を闇と見ることで自分に当たる光を意識するようになったのだ。

一三四六年の年代記に登場するイギリスの詩では、フランスは、「女のようで、陰険で嫌悪を誘い、自尊心ばかり高い」と形容されている。フランスの軍事的な劣勢をあざ笑う気持ちとフランスの海上奇襲を恨む気持ちが混在していた。年代記作者のジェフロワ・ベーカーは、フランスに対するさまざまな罵倒語を造って広めた。英仏共に、互いの習慣や言語や体つきを競って攻撃した。

では、そのようにイギリスから憎まれていたフランスのブルゴーニュ公がイギリスと手を組むようになったのはなぜだろう。現在では、ブルゴーニュといえば豊かな自然に恵まれたワインの産地としていかにもフランス的な地方として知られている。また、結局ジャンヌ・ダルクをも敗退させたパリ市は、フランスの首都であるのになぜ、ブルゴーニュ公やイギリスについたのだろう。その理由のひとつには、前述したような当時の教会大分裂という時代背景がある。シャルル六世の弟であるオルレアン公は、アヴィニョンのフランス人教皇を支持していた。これに対して、ブルゴーニュ公はアヴィニョンを廃して教会の分裂を解消する方向に同意していた。カトリック教会のフランス化という流れに対抗するイギリスとの相性は、その点にもあったわけだ。

当時のパリは、一三九〇年から一四二〇年の三〇年の間に人口が二〇万人から八万人へと激減していた。賢王シャルル五世の後を継いだシャルル六世（一三六八－一四二二）は発狂し、王弟のオルレアン公と王の従弟のブルゴーニュ公の権力争奪戦が開始され、王太子は一三九二年にパリを離れている。一四〇七年にオルレアン公が暗殺され、パリでは職工を中心とする庶民と大学生らが徒党を組み、ソルボンヌと同じく教会分裂解消派であり民衆の味方だともされていたブルゴーニュ公を一四一一年に迎え入れた。二年後には知識階級と袂を分かった民衆の蜂起により、まだ十代であった新オルレアン公の舅に当たるアルマニャック公が主導権をとったかに見えた。しかしブルゴーニュ派とアルマニャック派の争いはその後も続きパリ市民は物価高騰と食糧不足に苦しんだ。このような混乱につけ込んだヘンリー五世は再びフランス奪還に食指を動かして、一四一五年のアザンクールの戦いに勝利した後で兵を進め、一四一九年にはルーアンを占領した。ジャンヌ・ダルクの死地となる場所である。パリの覇権を奪還していたブルゴーニュ公はこのようなイギリスの動きを見て、彼らと黙契を結ぶことで権力を安定させようとした。ブルゴーニュ公は王太子とも交渉しようと試みたが、会見の後で王太子の侍者によって暗殺され、父の雪辱を誓った遺子のフィリップは公然とイギリスと協定するに至った。

その結果、一四二〇年に運命的なトロワの条約が結ばれる。シャルル六世の妃であるイザボーが王太子を廃嫡し、娘をイギリス王に嫁がせて、イギリス王ヘンリー五世をシャルル六世の継承者に指名したのである。わずか二年後に当のヘンリー五世がシャルル六世に先立って死ぬとはこの時は誰も知る由がなかった。このトロワの条約を起草したのが、後にジャンヌ・ダルクを異端審問で裁いたフランス人のコーション司教である。

＊コーションという男

このコーション司教は、ジャンヌ・ダルクを火刑にした男として今では悪の化身のように言われているが、当時のような複雑な状況において戦略的にサバイバルしながら立身出世した世渡りのうまい男のひとつの典型だった。ジャンヌ・ダルクを魔女として恐れ、抹殺しようと決めたイギリス軍にとって、カトリックの司教であるとともにフランス人領主でもあるコーションは、政治的野心を宗教でごまかし、英仏の確執をフランス人による弾劾でごまかすためにうってつけの人物だったし、彼自身もその立場を自覚してさまざまな役割をこなしてきたのだ。

コーションは一三七一年にブルジョワの子弟として生まれ、パリ大学で学んだ。神学部を六年で中退し、学者や教授にはならなかったが実務的な能力や組織力を買われて、一三九七年と一四〇三年の二度、学長に選出されている。聖職者ではあるが世俗組織との交渉に長けていたからである。より多くの収入を確保するためにランスやボーヴェの司教座参事などの地位も得たが、目標はなんといっても高収入を保証される司教になることだった。一四〇七年の時点では、パリ大学の博士や教授の日当が三リーヴルで、僧院長は六リーヴル、司教は一〇リーヴルの手当てが国王から支給されていた。といっても、当時のパリ大学、ブルゴーニュ公は共に、フランス王のカトリック教会との癒着を批判して大分裂を解消する改革を唱えていたので、コーションも表向きはそれにならっていた。パリ大学の聖職者たちにとっては、教会統一後にローマ教会に収められるはずの税金の分け前を得ることの方が有利だったからでもある。もともと、パリ大学がそこまで発展したのは、一三世紀に、国王とローマ教皇との間の権力争いの間に入って両者から恩恵を受けたからだった。ローマ教皇は大学を神権政治の中枢に据えようとし、神学研究を助成し、王も事務官や法官を大学から調達し、パリ大学は独立したギルドとして治外法権の組織となっていた。アヴィニョンのフランス人教皇が国王の傀儡となっていては、大学の政治的存在価値は少なくなる。

そんな時に、一四〇四年にブルゴーニュ公となったジャンの配下によって、ライバルである王弟ルイ・オルレアンがパリで暗殺されるという事件が一四〇七年に起こった。肥沃なブルゴーニュの他にフランドルにも領地を持つブルゴーニュ公といえども、当時王妃と共に摂政の立場にあった王弟を殺害するのは大逆罪に相当する。ブルゴーニュ公は領地を剝奪される可能性があった。

この時、パリ大学の神学者ジャン・プチは、「独裁者殺害の正当性」を説いてブルゴーニュ公を弁護し、コーションはそれを是認した。そして、先代のブルゴーニュ公やオルレアン公と同じくシャルル五世の弟として幼いシャルル六世の摂政を務めたベリー公と交渉して、大逆罪を回避して和解させたのである。殺害されたオルレアン公の嫡子は、この時一三歳に過ぎず、無力だった。しかしその恨みが、一二年後の一四一九年に、オルレアン公の陣営によるブルゴーニュ公暗殺とつながったのだ。

ともかく、この時にブルゴーニュ公を救った尽力が報われてコーションは、パリを支配したブルゴーニュ公の側近の一人となり、一四一二年には、シャルル六世の王太子を支持するアルマニャック派をブルゴーニュ公が断罪するために組織した調査委員会の委員の一人になるのである。事の是非と関わりなく、政治的判断のみで、強引にパトロンの敵を糾弾するコーションの手腕は、ジャンヌ・ダルク裁判よりもずっと以前から発揮されていたのである。

一四一三年、コーションは、パリ大学やら市民やらを統制して自らの支配を安定させるためにブルゴーニュ公が操ったカボシュの暴動の画策にも関わり、国王のいたサン゠ポル館に押し寄せた三八人に名を連ねることで報酬を得た。教会大分裂の終結に向けて一四一四年から一八年にかけてドイツのコンスタンツでカトリックの公会議が開かれた時にはフランス王の代表として参加している。神学者ジェルソンは、そこでジャン・プチの独裁者殺し擁護の神学を弾劾しようとしたが、コーションはブルゴーニュ公の資金でイタリア人枢機卿三人をはじめとする聖職者を買収して訴えを棄却させた。ドイツからフランスに戻ってからはブルゴーニュ公によって内閣の審理官に任命されて一五〇〇リーヴルという多額の年俸と多くの特権を獲得したのである。アルマニャック派の司祭たちを裁いては没収した資産を手に入れた。その後も出世を続けたが、前述のようにブルゴーニュ公が王太子派との会見の後で暗殺されてしまった。コーションはすかさずトロワの条約の起草に携わった。それによって利益を得た新ブルゴーニュ公、イギリスのヘンリー五世だけではなく、シャルル六世や、ブルゴーニュ公の命でコーションに支持されて選出された統合カトリックのローマ教皇マルティヌス五世らすべての肝いりで、念願だった司教の地位を獲得したのである。フランス王の戴冠をするランス司教の座は空いていなかったので、ボーヴェの司教に任命された。この時に彼がランス司教になっていたら、後にジャンヌ・ダルクに先導されたシャルル七世を戴冠していたのだろうか。歴史は変わっていたかもしれない。ともかく、あてがわれたボーヴェ司教区は同時に伯爵領でもあったから、コーションはついに、当時フランスに六人しかいなかった司教貴族の一人に成り上がったのだ。

もっともボーヴェはアルマニャック派に制されていたから、コーションが実際に住むことはなかった。彼が最初にしたことは、パリの郊外ムーランに赴いて、フランス軍駐屯地をヘンリー五世に引き渡すことだった。コーションはイギリス軍の政治コンサルタントの地位についた。

一四二二年にヘンリー五世とシャルル六世が相次いで死んだ後には、すぐに、幼いヘンリー六世とその摂政でパリとノルマンディを管轄するベッドフォード公（ヘンリー六世の叔父に当たるイングランドの元帥。一四二三年にブルゴーニュ公の妹と結婚している）の顧問となった。ベッドフォード公のパリでの財源をフランスの聖職者から取り上げて調達しローマ教皇への上納金には手をつけなかったことで、新ローマ教皇マルティヌス五世との良好な関係を保ち続けた。

一四二九年の五月にジャンヌ・ダルクがオルレアンを解放して七月にシャルル七世がランスで戴冠した後の九月末、風向きが変わることを恐れたコーションはベッドフォード公と共に数ヵ月イギリスに渡った。イギリスの議会から軍資金を得るためと、幼いヘンリー六世がパリに入城することを説得するためだった。この頃からコーションは「イギリス枢機卿」という異名をとるほどになった。完全に「イギリス側の人間」と見なされていたし、そう行動していたわけだ。

パテイの戦い（一四二九）

一三四六年のクレシィの戦いでの惨敗以来、百年戦争は、一貫してイギリス側の軍事的優勢のうちに展開した。戦力が互角ではなかったので、フランスの諸侯らが、イギリスに一方的に侵略されたという印象を受けたのも不思議ではない。イギリス王は、大陸進出の野望を実現するために、フランスの封建騎士の戦いとまったく違う兵法を編み出した。弩《いしゆみ》と呼ばれる長い弓を使う歩兵隊を考案し、十数年の訓練を経た精鋭部隊をつぎ込んだのである。

クレシィでは、一〇〇〇隻の船で上陸した四〇〇〇の騎士と一万の射手が、伝統的な戦いを想定していたフランスの騎士たちを大敗させた。フランス軍は慌て、フランス王のフィリップ六世は、アヴィニョンのフランス人教皇クレメンス六世の休戦調停によって時間を稼いだ。しかし次の国王ジャン二世が無謀に戦争を再開したので、イギリス兵の四倍の数でポワティエの戦いに臨んだものの、再び弩部隊に破られ、王が捕虜になってしまった。

この頃の戦いは、職業軍人である騎士と従者の他は、各地方出身の傭兵、農閑期の農民などがその都度手当てをもらって駆り出されていたもので、訓練も行き届いていなかった。そんな中で、イギリスの弩部隊は、平民ではあるが常任の特殊部隊として高度なテクニックを有する画期的なものだったのだ。整然と布陣して、敵が近づく前に一斉攻撃して倒した。フランス軍も敗因を理解したが、そのような部隊を養成するのは時間がかかる上に、一騎打ちという騎士道の形にこだわっていたので遅れをとった。時代は、美意識よりもプラグマティズム、個人の技よりも集団の技へと転換したのである。

ジャンヌ・ダルクが登場した頃は、フランスのロワール河以北はほとんどイギリス軍の勢力下にあった。パリやランスを含む北の領土を回復するためにはロワールにかかる橋を制することが必要だった。オルレアンを解放した時に貴重な橋を破壊したフランス軍は、他の橋の支配権を取り戻す必要があった。ジャンヌたちは、オルレアンの戦いの後で、ロワール渓谷沿いに、ジャルジョー、マン＝シュル＝ロワール、ボージャンシーへと兵を進め、三つの橋を制した。ボージャンシーの橋は六〇〇年後の今も当時の姿のままに保たれている。その最後で決定的だったのがパテイの戦いで、この時に事実上、フランス軍ははじめてイギリス軍に追いつき、戦略的に優越したのである。クレシィの戦いから、実に、八三年が経過していた。

タルボットの軍勢がオルレアンの堡塁を手離したという知らせを受けたベッドフォード公は、ロワールの他の基地を守るためにパリにいたファストルフの軍を救援に向かわせた。その援軍が到着する前日に、フランス軍はボージャンシーの橋を奪還した。ボージャンシーの残軍は、マン＝シュル＝ロワールの城に残っていた軍と合流した。

百年戦争でイギリス軍を圧勝させていた無敵の弩隊には弱点があった。精鋭の射手ではあったが、甲冑に身を守られていず、肉弾戦には無防備であること、養成に時間がかかるので予備軍が控えていないことだ。

フランス軍もこの年から弩隊を使い始めていた。そして、整然と向かい合って布陣すればイギリス軍の弩隊に勝てないことも計算済みだった。パリからの援軍がタルボットらと合流して布陣しないうちに食い止めねばならない。パテイの北のローマ古街道（オルレアンの北西一五キロ）でイギリス軍は集合し、ファストルフ、タルボット、スケールスの三人の司令官がそろった。

ジャンヌ・ダルクは、前日に、勝利は確実で、フランス王の最大の戦勝となるだろうとアランソン公に語っていた。この時、フランス軍にもブルターニュのリシュモンの援軍がやってきた。ブルターニュ公国は百年戦争で微妙な立ち位置にあり、司令官たちはリシュモンを受け入れたくないと考えた（リシュモンはイギリスのリッチモンドの家系であり、父親は英語しか話さなかった）。彼らを説得したのはジャンヌである。六〇〇〇人のフランス軍は丘の上に陣取った。

フランス軍の進軍をくいとめる槍の柵を埋め込む前に、前方を一匹の鹿が横切るのを見たイギリス軍の弩隊が、長弓で打ち倒して、歓呼の声を上げた。それによって敵の位置を知ったフランス軍（司令官はラ・イール、サントラーユ、ロレ）の一五〇〇人の前衛隊が脇から弩隊を急襲した。イギリス軍の騎士は退却したが、タルボットは捕らえられて、ジャンヌ・ダルクに剣を預けた。この時の圧勝は、イギリス軍死者約二〇〇〇人に対してフランス軍五人と言われている（イギリス戦史では五〇〇〇人のうち半数の二五〇〇人が失われ、フランス軍の死者は一〇〇人）。この戦いで、イギリス軍の最強部隊だった弩隊の最良の部分が壊滅した。そのおかげで、王太子一行は無事にロワールを北上してランスの大聖堂に到着し、名実共にシャルル七世が誕生したのである。弩隊の時代は終わった。一四三四年からは敵地に火災を起こすことが可能な鉄弾や改良火薬による砲兵隊が組織され、錬鉄を鋳鉄に改良したビューロー兄弟によって軍備的な優位に立ったフランス軍は一四五三年、ついに全土を回復して百年戦争が終結した。

百年戦争の風向きを本当に変えたのは、オルレアンの解放ではなくて、イギリスの弩隊の無敵神話を崩壊させたパテイの戦いだった。しかしパテイは、都市ではない。オルレアンを包囲していた砦にはイギリスの本軍はいなかった。イギリス軍に勇敢に抵抗していたのはオルレアン市民による民軍だった。彼らにとっては、ジャンヌ・ダルクの到着と共におとずれた状況突破は奇跡のような出来事だったろう。パテイの戦いの後、オルレアン公の名でジャンヌ・ダルクに盛装が献呈された。この時、「オルレアンを救うために神から遣わされた乙女《ピュセル》」という言葉が歴史に刻まれた。

パテイの戦いでパリからやってきたイギリス側の援軍はブルゴーニュ公との連合軍である。その時点においては、封建諸侯の内戦だとも言えた。しかし、この一四二九年、「イギリス軍をフランスから追い出す」という使命を掲げたジャンヌ・ダルクと、オルレアンを救ったのはジャンヌという神の遣いだとしたオルレアン市民と、イギリスの大敗をジャンヌという魔女のせいにしたベッドフォード公の三者の選択が、その後何世紀も続くイギリスとフランスという二国のライバル関係の出発点となったわけである。

パテイの戦いでフランスがイギリスを破ってから三八六年後の一八一五年の同じ六月一八日、ナポレオンがワーテルローの戦いで、ウェリントン将軍率いるイギリス・プロシア連合軍に敗れた。それからさらに一二五年後の一九四〇年の同日、ワーテルローの勝利を記念するイギリスの指定した日に、BBCを通じて、ロンドンに自由フランス政府を作ったド・ゴール将軍がフランス人に向けてレジスタンスを呼びかける歴史的な放送が流された。

六月一八日は、イギリスとフランスの歴史の中で特別なニュアンスを持つ日であり続ける。

*ジャンヌ・ダルクの異端審問

さて、コーションが予想した通り、ジャンヌ・ダルクの登場によって百年戦争の風向きが変わったのは事実である。オルレアンからの退却と、それに続くパテイの敗戦は、実は、百年戦争で唯一イギリスの完敗というべき事件だった。特に六月一八日のパテイの戦いは、アザンクールでの完勝の逆をいくものだった。イギリス軍は二五〇〇人の戦死者を残して退却した。それまで圧倒的な強さを誇るイギリスの弩隊にフランスがようやく追いついた形で流れが変わったからであるが、フランスにおけるイギリス軍の総督であったベッドフォード公は自分の責任を転嫁するために、王に対する報告書にこう書いた。「万事はうまくいっていました。あの、ピュセルと名乗る、悪魔の弟子が現れるまでは。」

けれども、ジャンヌ・ダルクの進撃は、長くは続かなかった。一四三〇年の五月にジャンヌ・ダルクがコンピエーニュでブルゴーニュ派の捕虜になってからわずか一ヵ月後にコーションは彼女の裁判を率いることになった。パリ大学が審問を申請したのが五月二六日だが、当時のコーションはすでにパリ大学とは関係がなかった。

しかし、イギリスの要求は、普通の異端審問の手続き内で受け入れられるものではなかった。ジャンヌをいわゆる神学的な「異端者」として裁くことはできない。彼女は何も書き残していないし、公の場所で異端的言辞をもって説教したわけではないからだ。魔女の疑いで裁くとしたら、それは地方レベルの審問官の守備範囲だった。その判決を、広く王たちや教皇に告知することはできない。戦時捕虜であれば裁く必要はなく引渡しの身代金を計上できるだけである。ベッドフォード公が必要としたのは、イギリス兵から「魔女」だと恐れられて士気をそいでいたジャンヌを抹殺することではあったが、彼女が弾劾された事実を異端審問の名で仰々しく知らしめることでもある。その二つがそろわないと意味はない。イギリス軍にとってジャンヌの脅威は超自然のものだったから、ジャンヌは人間の手ではなく神の代理人である教会によって殺されなければならなかった。その手続きを進めるための理想の人材はコーションである。フランス人であること、聖職者であること、イギリスに忠誠を誓っていること、その上に傑出した外交手腕を持っていること、コーションは、そのすべてを備えていたのだ。
ジャンヌを捕虜にしたブルゴーニュ公の家臣であるジャン・ド・リュクサンブールから裁判のためにジャンヌの身柄を引き取ろうとしたのはパリ大学だったが、コーションは、一万リーヴルでジャンヌをヘンリー六世に買い取らせた。地方の法官の年俸の二〇倍の金額である。そして、異端審問の場もパリではなくてイギリス領土であるノルマンディを指定して、自らを主席判事とした。ジャンヌが捕らえられた場所が自分の管轄である名目上のボーヴェ司教区内であったと強弁し、ルーアンの大司教が不在のうちに参事会から買収したルーアン内の自分の所有地に書類上の手続きなしに法廷をおいた。

異端審問には教皇庁の認可を受けた正式なドミニコ会の審問官の是認が必要だったが、フランスの大審問官であるパリ大学教授で神学博士グラヴランは関わることを辞退した。コーションはルーアンの審問官ルメートルに依頼したが、彼は、審問法廷がコーションの所有となったボーヴェの飛び地内にあるのだから自分は管轄外だとして逃げた。結局、さらに圧力をかけられたグラヴランの介入でルメートルはこの仕事を引き受けたが最後まで傍観者の立場をとった。グラヴランといえども、一四二九年の八月にパリの議会ではイギリス政府に忠誠を誓っていたからだ。コーションもルメートルも、この裁判の報酬としてヘンリー六世からそれぞれジャンヌ・ダルクの身請け金と同額の一万リーヴルの報酬を得ている。他にも、金や金銭的政治的な利害のある判事たちが集められた。ベッドフォード公はジャンヌの身柄を裁判中もイギリス領内の城に監禁すること、裁判の結果がどうあれ判決後はジャンヌの身柄がイギリスに引き渡されることもコーションと合意していた。ジャンヌが最初に自分の間違いを認めた後も、コーションは他の法官の合意なしに単独でジャンヌをイギリス側の牢獄に戻して、火刑に値する「戻り異端」を誘導したし、ジャンヌの火刑後に居酒屋でコーションを批判したドミニコ会士を弾劾して八ヵ月の禁固刑に処した。

要するにコーションは徹頭徹尾ベッドフォード公の政治的意図通りに強引に動いたわけで、そのやり方は、厳密な意味では数々の不正手続きや違法処理の連続だった。実際、コーションは、自分のしたことが教会的にも不法であることを承知していた。それが後日問題になることを恐れて、いざというときのために自分の身柄は保証されるというヘンリー六世の名による念書をイギリス側に要求して、火刑後二週間しか経たない六月一二日にそれを獲得した。

ジャンヌの「殉教」のさまはイギリス兵たちを動揺させたほどで、世論の風向きは一転し、コーションもよほど身の危険を感じたらしい。そして、コーションによる数々の違法手続きが明らかだったからこそ、後のジャンヌの復権裁判は、比較的容易に進められることになったのだ。

しかも、コーションは、復権裁判に先立つ一四年前に、ルーアンで死んだ。ベッドフォード公もその六年前に同じくルーアンで死んでいる。

コーションはジャンヌの死の後ですぐボーヴェの替わりにルーアンの司教となることを期待していたのにリジューの司教に任命されていた。それでもイギリス王ヘンリー六世がパリで挙行したフランス王としての戴冠式のときに王冠をささげてパリジャンの不興をかったり、そのヘンリー六世の特使

墓石に描かれたコーションの像

としてバールの公会議に出席したりしたが、収支は合わず、一四三五年にアラスでイギリスとフランスとブルゴーニュが平和のために交渉を始めた時も、イギリス側でただ一人のフランス人として補欠大使の肩書きしかもらえなかった。しかも、この時、イギリス側の強硬さを前にしてフランスとブルゴーニュが歩み寄ることになった。それでも一四三六年三月に、パリでヘンリー六世に新たに忠誠を誓ったので、その一ヵ月後にシャルル七世軍のリシュモン元帥がパリに入城してきた時にはあわてて逃亡せざるを得なかった。ベッドフォードの死後はルーアンにもはやイギリス総督に当たる者はいなくなっていたので、コーションは細々とロンドンとのつながりを維持しながら逼塞して七一歳で死んだ。

ジャンヌ・ダルクの復権裁判のときには、審問官のブレアルがコーションの罪状を長々と読み上げた。フランスはシャルル七世の手に戻っていた。聖職者たちは過去の自分たちの言動を糊塗するためにいっせいにコーションに不利な証言をした。復讐戦によるそれ以上の混乱を避けるために、シャルル七世はすべての罪をすでにこの世にないコーションにかぶせることを選択した。カトリック教会は自らの権威を傷つけることなくジャンヌの裁判に関するすべての過ちをコーション一人に背負わせることで、後にジャンヌの列聖にまでつながる道を残したのだ。それはイギリス側にとってももちろん好都合な展開だった。英仏の憎悪と、いまや双方共にジャンヌ・ダルクに抱く罪悪感とが、共に、コーションというスケープ・ゴートのおかげで、無難で外交的な落しどころを見出したのである。

＊二つのフランス

それにしても、コーションのような男が、その才能を十二分に発揮できたいわば「イギリス占領下」のフランス、特に首都パリにおけるフランスのアイデンティティというものはいったいどのようなものだったのだろう。また、その後のイギリスにとって、ノルマン朝以来のフランス・アイデンティティはどうなったのだろう。

この問題を少し掘り下げると、「百年戦争でイギリス王がフランス王になろうとしたが追放されてイギリスに戻った。しかしライバル意識だけは根強く残った」というような単純な問題ではないらしいことが見えてくる。

イギリスの王というのは、今でも、イングランド王であったりグレートブリテン王であったり、アイルランドも加えた連合王国の王であったりコモンウェルス・レルムの王であったり、何層ものレベルにまたがる存在だ。エリザベス二世の全ての称号は Elizabeth the Second, by the Grace of God, of the United Kingdom of Great Britain and Northern Ireland and of Her Other Realms and Territories Queen, Head of the Commonwealth, Defender of the Faith「神の恩寵による、グレートブリテン及び北アイルランド連合王国ならびにその他の諸王国および諸領土の女王、イギリス連邦の元首、信仰の擁護者、エリザベス二世」となる。フランス型の中央集権の国ではないから、権威に対する感覚も異なっている。

ジョージ三世（一七三八ー一八二〇）に目を向けてみよう。彼は一七六〇年から一八〇一年にわたってグレートブリテン王とアイルランド王であり、一八〇一年から二〇年までグレートブリテン・アイルランド連合王国の王となり、一七六〇年から一八一四年まではハノーヴァー選挙公、一八一四年から二〇年までハノーヴァー王だった。そして、この王は、一八〇一年の一月一日にはじめて「フランス王」のタイトルを正式に返上した。なんと、一四世紀にフランス王の直系が絶えた時に百年戦争をはじめたエドワード三世（先代フランス王の女系の孫だった）以来、歴代のイギリス王は、「フランス王」というタイトルを有名無実の勲章のように自称しつづけていたのだ。この時には、すでにフランスは革命で国王をギロチンにかけて共和国になっていたので、世に「フランス王」と称するのはようやくこのイギリス王だけになっていたわけで、ジョージ三世にはブリテン・ハノーヴァー皇帝と名乗るようにという案も出されたが、彼は実質をとり、今まで張り付いていた「フランス王」の僭称も捨てたわけである。
このジョージ三世の時代にも、英仏は植民地をめぐって激しい戦いをたえず続けていた。フランス革命後も同様である。フランスにとっては、歴代の英国王がフランス王という称号を残していようがいまいがそのこと自体はどうでもいいことだった。植民地での攻防は続いていたが、本国のフランス内にイギリス軍が侵入さえしなければ実害はない。逆に、皇帝と称してイギリスから制海権を奪取しようとしたナポレオンは、一八〇五年にトラファルガーの海戦で破れて内陸制覇に集中することになった。

話を一五世紀のはじめに戻そう。父をアルマニャック派に殺されたブルゴーニュ公フィリップ・ル・ボンが、シャルル六世の王妃イザボーと共に、トロワのカテドラルで、イギリス王ヘンリー五世をフランス王の後継者としてついに認めた一四二〇年のことである。ブルゴーニュ公とイザボーはいかにもイギリスに寝返ってフランスを売ったかのようにも見えるが、実際は、この時点で両者にはほとんど選択の余地がなかった。ブルゴーニュ公は父殺しのアルマニャック公に臣下の礼を取るわけにはいかなかった。狂気の夫を抱えるイザボーにも大きな力はない。イギリス軍はすでにノルマンディを領地とし、パリの近郊も制していたのだ。パリは物資の供給を止められて苦しんでいた。シャルル六世の後継者をヘンリー五世とするトロワ条約を成立させるためには、パリの議会、ブルジョワ、大学、王の内閣などを相手に何ヵ月も根回しをしなくてはならなかった。ラテン語で書かれるトロワの条約を受け入れればイギリス王はパリの経済封鎖を解き、パリの世俗市民にも聖職者にも等しく彼らの習慣と自由と自治権などを尊重するというのが公約となっていた。一方の王国がもう一方の王国を従属させることはなく、対等の「合併」であり、これによって八〇年も続いた戦闘状態が終結するというふれこみである。人々にとって王の違いは大きな問題でなく、「凶暴なランカスター」が「狂気のヴァロワ」にとって替わるだけだったが、戦争よりはもちろん平和を望んだ。

実際は、一四二〇年にヘンリー五世がパリでフランス王の正式の跡継ぎとして振舞い始めると、「公約」通りにはいかなかった。ブルゴーニュ公自身も、中枢から退けられたが、彼はもともとフランス王位に対する野心はなく、オランダ、ブラバントなど、北方へと勢力を広げるようになった。

ところが、想定外のことが起こった。一四二二年に、凶暴なランカスターと狂気のフランス王とが相次いで世を去ってしまったが、その時、トロワの条約の政略結婚で生まれたばかりのイギリス・フランス王のヘンリー六世はまだ赤ん坊だったのだ。その結果、ヘンリー五世の弟のグロチェスター公がイギリスを、ベッドフォード公がフランスをそれぞれ治めることになった。イギリス・フランスの統合のシンボルである「王」ではなく、「イギリス人」がフランスを「占領」する形になったのである。

パリのブルジョワは、この一〇年にわたるパリ占拠の間にパリ市民たちがイギリス人を評した罵詈雑言を記録している。イギリス人は「ゴドン」（Godons はイギリス人の使う God dam という罵倒語に由来する）と蔑称された。ゴドンは、粗野で、乱暴で、強欲で、貪欲で俗悪で、彼らの食べ物は食べられたものではなく犬だって喰わないだろう、と言われた。パリにはイギリスの貨幣が出回り、セントジョージの十字旗が翻った。

パリの行政機関ではラテン語に代わってフランス語が多用されるようになり、すでに前世代のようにはフランス語を話せなくなっていたイギリスの外交官らは通訳を必要とするようになった。イギリス国内でもすでにギュイエンヌの戦い（一三二四）の時代に、イギリス国内のフランス人が聖職者もろとも逮捕され、隔離された。経済政策においてもすべての外国人は課税され、監視され、外国製品の不買も繰り返された。

ましてや首都を占領されたフランス人のイギリス嫌悪は深まるばかりで、トロワの条約を非難してシャルル七世を擁護しようとする匿名の文書が出回った。ノルマンディ出身の歴史家ロベール・ブロンデルはアルマニャックによるブルゴーニュ公殺害に関する弁論を展開し、ブルゴーニュ公は仇敵にフランスの王冠を引き渡したと述べて、レジスタンス運動を呼びかけると、クリスティーヌ・ド・ピザン、エティエンヌ・ド・コンティ、サン＝ドニ大聖堂の聖職者ジャン・ド・モントルィユ、ジャン・ジェルソンなど錚々たる論客がそれに加わった。カトリック教会は慎重な態度をとっていたが、ミサの説教で司教たちが人々にレジスタンスを煽動した。愛国心を高めるために、ツールとしての歴史が編纂された。一三世紀後半に編まれ始めた『王たちのロマン』は一四世紀になって『フランス年代記』としてまとめられた。そこでは美しい装丁と共に、シャルル五世とその子孫の政治の手腕が讃えられた。一五世紀にはその『大年代記』が五〇部以上も手写された。一方で、トロワの条約を正当化する必要のあるブルゴーニュ公フィリップ・ル・ボンの陣営では、モンストルレ、ジャック・ド・クレール、シャストランなど多くの年代記作者を動員して対抗した。ヨーロッパにおける純粋なイデオロギーの道具としての「歴史」は、こうして英仏の対立と共に誕生したのである。

フランス王の代理として占領政策にあたるベッドフォード公はもちろんフランス人の敵意を把握していた。それを考慮してパリの摂政内閣の一六人のメンバーのうち、イギリス人は二名にとどめた。といっても、コーションなどフランス人司教を任命したように、イギリスに忠実なフランス人だけが起用されたのだ。ヘンリー五世の死後はヘンリー六世の肖像入りの金貨を発行した。

パリの市民はイギリスへの忠誠を誓ってはいたが、その多くは、ブルゴーニュ公の領地からの輸送によって保障される豊富な食料調達を期待しての忠誠心だった。

トロワの条約以来の一〇年間、特にイギリス王とフランス王が相次いで死んでからは、幼いヘンリー六世と、ブールジュに撤退していたシャルル七世が共にフランス王を称したわけだから、フランスは未曾有の危機状態に突入したといえる。イギリスの支配下にあったのは、パリとその近郊、ノルマンディ、シャルトラン、シャンパーニュ、ブリィ、北メーヌ、カレーとポンティウ、アキテーヌであり、パリから亡命したシャルル七世の支配下にあったのは、トゥレーヌ、ベリィ、ポワトゥ、サントンジュ、リムーザン、オーヴェルニュ、アジュネ、ケルシィ、ルエルグ＝ドーフィネ、ラングドックなどである。フランスがイギリスに占領されているというよりも、はっきりと「二つのフランス」があったと言えるだろう。

シャルル七世の元には、一四二一年に、五〇〇〇人のスコットランド傭兵が上陸して合流していた。スペイン、イタリア、ブルターニュもシャルル七世を支持し、妻の母であるアンジュー伯爵夫人ヨランドや、リシュモン公、オルレアン公の異母弟デュノワ（ジャンヌ・ダルクと共にオルレアンを解放した「オルレアンの庶子」である）にも支えられていた。戦禍の大きかった南フランスは別として、北フランスから上がる年貢では、シャルル七世がベッドフォード公の収入をしのいでいた。名門の騎士の多くはアザンクールの戦い（一四一五）で失っていたから、シャルル七世は、志願してくる勇猛な実力者を隊長として抜擢した。ラ・イール、サントラーユ、デュノワといった名門の将は多数派ではなかった。このような実力主義の流動性がすでにあったからこそ、ジャンヌ・ダルクが抜擢されることも可能だったのである。

フランス中で戦闘が続いていた。一四二三年の九月、イギリス軍はメーヌ地方のグラヴェルでアンジュー派のアルクールに大敗したが、翌年の夏にはノルマンディのヴェルヌィユ＝シュル＝アーヴルで、フランス・スコットランド軍に大勝した。この時の惨敗を目の当たりにして、シャルル七世はフランスを奪還するという希望をいったん失った。

ベッドフォード公からパリ司令官に任命されたジョン・ファストルフはアザンクールの戦いなどの歴戦の勇士だったが、パリでは数十名の兵士のみを統括するだけで、アルマニャック派の反撃や小競り合いを統制する力はなかった。ペストが再流行しはじめたパリの治安は悪くなり、市民はイギリス軍に妥協しながら生き延びようとしたが、反英感情は大きくなっていった。地方でも、戦闘がある度に民衆が犠牲になったが、反兵士感情は反英感情へと一般化されていった。ノルマンディのアブヴィルでは、人々はイギリス領というよりもブルゴーニュ領民としてのアイデンティティがあり、レジスタンスを組織してイギリス人との商取引をボイコットした。

イギリスの本国でも、イギリス軍がフランスに進出し過ぎるのを批判する声が少なくなかった。一四二一年にはすでに議会がヘンリー五世を諫めて、フランス王としてイギリスを治めないよう、議会の度に本国に戻るよう、臣下の嘆願はパリではなくイギリスで処理するようにと勧告していた。時はすでに、百年戦争の始まりの頃のような二派の王家の争いではなく、文化や言語を異にする二つの国家の戦いに突入していたのだ。二つのフランスの共存はすでに限界に達していた。ベッドフォード公は、シャルル七世を倒す必要性を痛感し、一四二八年、ついに、フランスで最も格式の高いヴァロワ・オルレアン公の本拠地であるオルレアンに兵を進める決断に至った。結果的に、このオルレアンの封鎖こそが、フランス人の反英感情を頂点にまで押し上げて、ロレーヌの一少女ジャンヌ・ダルクにイギリス兵を追い払えという神の声を聞かせることになったわけである。

＊百年戦争後の英仏関係

百年戦争の展開に従って根を張りはじめた英仏の対立はその後どのように発展したのだろう。ジャンヌ・ダルクの死を経て百年戦争が終結した後の一六世紀は、宗教改革の時代である。この時ついに、イギリス王は、ローマ教会の権威に叛旗を翻して、イギリス国教会の首長になるという形でカトリックから離脱した。これは国王の離婚や再婚の正当性がきっかけではあったものの、結果的には反カトリックのイギリスが誕生して、カトリックに留まったフランスとの差異性を、宗教色にもはっきりと打ち出す結果になった。後に清教徒革命や王政復古などの変動があったとはいえ、イギリスは大陸のような激しい宗教戦争による疲弊を免れた。

けれども、実際に一六世紀の時点で、フランスと直接のライバル関係にあったのは、同じくカトリック陣営に留まってオーストリアやスペインに覇権を広げていたハプスブルグ家のフェリペ二世（一五二七―一五九八）である。だから、イギリスを侵攻しようとしたスペインの無敵艦隊が目の前の英仏海峡でエリザベス女王のイギリス軍に敗れた時（一五八八）に、フランス王は、すでにフランスをぐるりと取り巻く領地を持つライバルの敗退に安堵したに違いない。しかし、領土的にも人口的にも、ハプスブルク家と比べものにならない卑小なイギリスの思いがけない強さを前にしたフランスがひそかに嫉妬し、警戒しただろうことも想像に難くない。

その後の帝国主義の時代において、フランスはイギリスを牽制するためにカナダに「カトリック入植地」を打ち立てて、アカディ地方では壮絶な宗教戦争が起こった。インドでイギリスと戦って敗北したフランス東インド会社総督のデュプレクスは「イギリス嫌い」を打ち出してはばからなかった。北アメリカ大陸でのこれらの敗北への雪辱の思いが、その後でフランスをアメリカの独立戦争（一七七五―一七八三）に加担させる一因であったのは間違いがない。ラ・ファイエット侯爵のように自費で軍隊を組織までしてイギリス軍と戦った者もいた。この時にアメリカを失ったことは、フランスへの恨みとしてイギリスに刻印された。

しかし、それに続くフランス革命とナポレオン戦争によって、フランスは、一〇〇万人もの人口を国外に流出させて失った。

フランス革命後に果てしなく続くと思われた「ヨーロッパの内戦」は、ナポレオンによって一時、安定を取り戻したかに見えた。オーストリアとは一八〇一年二月のリュネヴィル条約で、イギリス、オランダ、スペインとは一八〇二年三月のアミアン条約によって、フランスは「名誉の内に栄光と平和を獲得した」かに見えた。実際、その時点のナポレオンには、全ヨーロッパを征服するような野心はなく、古来ガリアの自然国境だとされていた海、ライン河、アルプス山脈、ピレネー山脈の内側を死守したかったのだ。しかし、フランスにはもう一つの野心があった。それは、過去にヨーロッパの基礎を作ったフランク王国の勢力地図を回復させることだ。そんなナポレオンに足りなかったのは、イタリア北西部のピエモンテ地方である。一七九六年に占領したピエモンテ地方は一八〇二年九月にフランス領となった。実際、フランソワ一世（一四九四－一五四七）やルイ一三世（一六〇一－一六四三）は、シャルルマーニュ（七四二－八一四）の「神聖ローマ帝国」を回復することを夢見て何度もピエモンテに遠征していた。

リュネヴィル条約にもアミアン条約にもピエモンテの領土化を禁ずる条項はなかったが、イギリスは、一八〇二年のフランス側による占領をアミアン条約の破棄と見なして条約の合意事項であったマルタ島からの撤退を拒絶した。地中海を「フランスの湖」にしてインドに向かうフランスのもくろみは破られた。後にロシアから敗退する途中でナポレオンは「私のしたことをすべて強いたのはイギリスだ、彼らがアミアン条約を破らなかったら私はおとなしくうちにとどまっていたのに」とコランクール師団長に語ったという。

このナポレオンの言葉には一抹の真実があるかもしれない。ロシアもイギリスもフランク王国の領土ではない。その後ナポレオンは結局「皇帝」となってガリア帝国の覇権を広げていったわけだが、そのイメージはフランドル、フランス、ドイツ、イタリアで十分だった。そして、そのテリトリーは、第二次大戦後に標榜された欧州共同体のローマ条約に参加した最初の六ヵ国に相当する。ナポレオンが果たせなかったシャルルマーニュ帝国の再興の夢は生きていたわけだ。

ともあれ、ナポレオンの夢は破れ、その間に産業革命をおし進めたイギリスは、自由経済を展開し、市場を拡大していった。産業革命の発端となった蒸気機関の発明者がフランス人ドニ・パパンだったことも皮肉だった。パパンは信教の自由を認めたナントの勅令の廃止を嫌ってイギリスへ渡ったカルヴィン主義者だったのだ。一八五〇年には世界の工場生産物の半分がイギリス製となっていた。織物、蒸気船、鉄道、金融、すべてにおいてイギリスは世界の先頭を切っていた。二〇世紀初頭、スーダンでの植民地戦争でも再びフランスはイギリスに敗れた。

＊ドイツの台頭という脅威

そんな二国を歩み寄らせたのは、「ドイツの台頭」という脅威である。英仏は第一次世界大戦で味方同士となりドイツに勝利したが、ライン左岸を占領しようとするフランスに反対したのはイギリスだった。この時に本当に英仏が協力体制にあったのなら、後の第二次世界大戦を避けることができたかもしれない。ヒトラーの脅威を前にしたチャーチルはフランスと信頼関係を築こうとしたが、一九四〇年六月にフランスがドイツに敗れた直後、アルジェリアの軍港にいたフランス艦隊は、それがヒトラーの手に渡るのを恐れたイギリスによって全滅させられてしまった。ド・ゴールはこのことを「悲劇的な必要性」と認めたものの、以後フランスの遺恨となった。第二次大戦後、一九五六年のスエズ危機において、この二大帝国主義国は初めて海外政策で連帯したが、それまでの両国の海外での成功体験が一転し、米ソとナセルの同盟によって屈辱的な結果に終った。

皮肉なことに、第一次大戦、第二次大戦、スエズ危機という、英仏が手を組んでいた試練の時期に、イギリスのフランス嫌悪は増幅し、フランスのイギリスへの警戒は高まった。

フランスは、イギリスが金にあかせて他人の血で戦争をしていると前から非難していたし、一九三九年のジャン・ルノワールの映画『大いなる幻影』では、騎士道的なドイツの捕虜収容所長に対して、イギリス人はテニスのラケットを手にした姿で揶揄されている。レオ・ジュアノンの『地中海の警報』では、フランス海軍兵たちが敵であるドイツでなく、アンチ・イギリスの歌を歌うシーンが出てくる。

フランスの対独戦が始まってから、イギリスは大量の援軍を投入するのには消極的で、空軍も発動させなかった。ペタン元帥やウェイガン将軍はイギリスに見捨てられたと感じた。

一九四〇年五月、ドイツ軍はオランダ、ベルギー、ルクセンブルクから北フランスへと進軍した。英仏ベルギー連合軍は、イギリス上陸を狙うドイツ軍にダンケルクで包囲された。

連合軍は英雄的に戦ったが、六月初め、イギリスは退却命令を出し、空軍の援護のもとに救助船を差し向けた。この時に救助されて英国に渡った兵士の三分の一はフランス軍だったのだが、「救助されたのはイギリス軍だけだ」という伝説がまたたく間にひろがった。六月二二日にフランスはドイツに降伏し、前述したように、その後、イギリス軍によってエル・ケビール軍港のフランス艦隊が全滅させられたというニュースが流れた時に、フランスの対英感情は最悪となった。

＊欧州連合と独仏関係

戦後、一九四六年に、ソ連を牽制するためにヨーロッパ合衆国を構想したチャーチルがヨーロッパ諸国にチューリッヒで集まることを提案したが、フランスは乗らなかった。イギリスの主導でヨーロッパをまとめるよりも、ジャン・モネやロベール・シューマンによって、ドイツと共に欧州連合の基盤となった「欧州石炭鉄鋼共同体」をイギリス抜きで発足させることを選択したのである。イギリスでは、その主要三ヵ国である独仏伊のアデナウアー、シューマン、ガスペリが、それぞれ、ナチズム、コラボ（対独協力政府）、ファシズムの出身であるといって揶揄された。それは、ジャンヌ・ダルクと同じくロレーヌ生まれのシューマン首相が、ドイツ国籍だったこともあったのを踏まえたものだった。

シューマンは第一次大戦後にフランス国籍となり、ペタン政権の一員ともなっていた。生涯独身で過ごした人で、一九九一年にメッツの司教が彼の列福調査を開始した。列福申請の要件を満たしたらしく、二〇〇四年からはヴァティカンで審査が始まっている。列福が実現するとしたら、イギリス軍を追い払ったジャンヌ・ダルクが死後四五〇年も経ってようやく福女の列に加わったのに対して、ドイツと仲直りしたシューマン（一九六三年没）には、半世紀あまりで栄光がもたらされることになる。

独仏はアルザス・ロレーヌ地方で絶えず攻防を続けていたし、第一次、第二次大戦前も一九世紀の普仏戦争でプロシアに惨敗していたのだから、英仏と同じように関係が悪くてもよさそうなものだが、そうでもない。ドイツは長い間領邦国家だったので、宗教改革の時期、一七世紀の三十年戦争にフランスが介入した頃にはじめて、貴族間の争いから「国」同士の確執へと関係が変化し始めた。絶対王政に向かうフランスはドイツの領土を少しずつ侵食することをやめなかった。ブザンソン、フランドルの一部、ストラスブールが次々とフランスの手に落ち、ライン公国での戦いは悲惨なものだった。

フランスはその後もドイツにとって憎い相手となったが、ヴェルサイユ宮殿における政治では、イギリスやスペインとの戦いが優先事項だったので、ドイツは軽視されていた。啓蒙の世紀からフランス革命の時代にはヘルダーリン、グリム、ホルバッハ、ディドロなど両国の思想家が影響しあった。

フランス革命に続く戦いは、ドイツの啓蒙思想家にも近代革命への期待を抱かせたが、ナポレオンに征服され、選挙侯のシステムも消滅し、ライン連邦を押しつけられ、ウェストファリアやバイエルンがフランス領となった。ナポレオン法典は受け入れたもののドイツの遺恨は深くなり、フィヒテは抵抗を訴えた。ナポレオンが失脚し、ビスマルクの率いるプロシアがオーストリア・ハンガリーに打ち勝ち、フランスにも勝利してウェストファリアやバイエルンを取り戻した。その後もプロシアの栄光は軍事だけでなく文学や哲学や音楽にも輝いたが、その時点のフランスには、「反プロシア」の感情があっても「反ドイツ」という言葉はまだなかった。

第二次大戦の間には反ナチスや反ファシズムよりも反ドイツという感情が確かに強くなった。けれども、ドイツ占領下のフランス人はもちろんドイツを憎んだが、ドイツに囚われたフランス人の戦争捕虜（ユダヤ人ではない）は、紳士的な待遇を受けたのでドイツに好感を持ったと言われる。自分の国に敵が侵入して征服者として振舞われることと、自分が敵の国に囚われてそれなりにリスペクトしてもらえることとは、まったく逆の感情を引き起こす。

戦後は、東西ドイツとベルリンとオーストリアとに分かれたドイツは、フランスの眼にはもう「脅威」とは映らなかった。経済的な利害関係が両国を近づけた。新生フランスは、大戦中のナチスを糾弾するよりも、自国のヴィシィ政権を糾弾することの方が多くなっていった。反ドイツという名のナショナリズムは長く続かなかったのだ。

その結果、二一世紀に入ってから通貨統一したユーロ圏の中心は独仏であり、ギリシア破産に続くユーロ危機に対して独仏が緊密に連携する姿が見られるようになった。

フランスにとってのドイツとは、ひとつの国としての対立感情が根を下ろすのに十分な確固としたイメージができなかったということだろう。それに対して、血族同士で王位を争ったり、共に絶対王権時代を経たりした英仏は、時にシャム双生児と呼ばれるほどに似たもの同士でもあるだけに、一種の近親憎悪が働いて互いを否定してしまうのかもしれない。反独時代はあったが、イギリスに対しては、「反」英というよりも「嫌」英の刷り込みがどこかにあるらしい。

普仏戦争に敗れてナショナリズムの波が高まる中でジャンヌ・ダルクはフランスのシンボルとなり、カトリック教会の聖女の候補となった。英仏が共に戦って勝利した第一次大戦の後で、ジャンヌ・ダルクは列聖された。第二次大戦でフランスに駐留したドイツ軍は、ブロンズ像類を取り外して大砲の鋳造などに回したが、「イギリス軍を破った」英雄であるジャンヌ・ダルクの銅像だけはかなりの数が残された。フランスのナショナリズムのシンボルであるジャンヌ像が占領軍によって徴用されないようにと、公共の場にあったジャンヌ・ダルク像を守るために移動させたり、教会の中に隠したりという工夫がなされた。ある時、カトリック女子校の運動場で訓練をしていたドイツ兵が、ジャンヌ・ダルク像が邪魔だと言った時に、像が取り払われるのを懸念した司祭が小隊長に「彼女はイギリス軍をやっつけたんですよ」と言った。それを聞いたドイツ兵は「そうか、そうか」と満足して像に手を触れなかったというエピソードが伝わっている。

＊ジャンヌ・ダルク症候群

一九九四年、冷戦も終わり、アメリカやイギリスが市場原理を推し進めて新自由主義経済による景気回復を謳歌しつつあった頃、フランスでは社会党のミッテラン大統領が二期目を務めていた。一方では一九八九年のフランス革命二〇〇年祭でパリに大がかりな記念建築を出現させ、もう一方では労働時間短縮や死刑制度廃止など一連の社会主義政策を進めていた。

当時のアングロ・サクソン系新聞雑誌にはそんなフランスを揶揄する記事が多かった。『ウォール・ストリート・ジャーナル』紙は、La grande illusion（大いなる幻想）とわざわざフランス語で見出しをつけて、「中流国」であるくせにルイ一四世やナポレオン、ド・ゴールの栄光を忘れられないこと、新自由主義経済に異を唱えること、それでいて、デモやストがある度に国民に譲歩するという、「ジャックリーの乱（一三五八年に起った農民反乱）→保護政策→国家社会主義」というスパイラルから抜けられないと指摘した。『エコノミスト』誌が発表した住み心地のいい国のランキングでは、一九八三年には一位だったフランスがイギリスより劣る一一位に転落していた。メディアの倫理規定が反動的で、ドイツ占領下のヴィシィ政権時代から変わっていないと嘲笑された。

フランスではそれらの報道を自虐的に伝える記事が少なくなかった。そのような状況について、「フランス人はアングロ・サクソンから分かってもらえない、といつも感じている」という意味で「ジャンヌ・ダルク症候群」と形容されたのは、その頃である。

ミッテランの時代と言えば、イギリスの抵抗をよそに、一九九〇年に統一された東西ドイツがフランスとの友好関係を進めて欧州連合の拡大に向かった時代でもある。ミッテランは一九八四年の第一次大戦開戦七〇周年に対独激戦地だったヴェルダンでコール首相と手をつないで和解を強調した。二度の大戦はあったもののドイツとの対立の歴史はそれほど古くはない。したがって、独仏が「手をつなぐ」のは、イギリスへのあてつけのスタンドプレイだと感じる向きもあった。

フランスのナショナリズムはイギリス軍をオルレアンから撤退させたジャンヌ・ダルクのイメージを中心に形成されてきたし、帝国主義国としてアフリカで植民地争いをしたり、アメリカの独立戦争を助けてイギリス軍と戦いもした。その上、その後フランス領だった「ルイジアナ」をイギリスとの争いによって一部割譲を余儀なくされ、最終的には独立したアメリカに売却したこと、フランス語圏ケベックを含むカナダが英国連邦加盟国であることなど、北アメリカを「アングロ・サクソン」に乗っ取られたイメージも根強く存在する。一九世紀末に普仏戦争の敗北後の恨みや復讐心の中でジャンヌ・ダルクがフランスの統合ナショナリズムのシンボルとなった時でさえ、フランス人はジャンヌ・ダルクの姿を見るたびに、「敵国としてのイギリス」への負の感情をくすぶらせ続けていたのだ。

＊アングロ・サクソンから見たジャンヌ

では、フランス人が「ジャンヌ・ダルク症候群」に陥るほどに、アングロ・サクソンの側でも、ジャンヌ・ダルクはアンチ・フランスの含意をもっているのだろうか。

ジャンヌ・ダルクのことを、英語ではSaint Joan of Arcと言う。ジャンヌという名はもともと福音書作家のヨハネの女性形に由来する、キリスト教世界ではありふれた名前だ。ヨハネがジャン、ジョン、ジョヴァンニ、ヤン、イヴァンなどと国ごとに変化するように、ジャンヌも国と時代によっていろいろなヴァリエーションがある。アングロ・サクソン国では、有名なハリウッド女優に「ジョーン・クロフォード」とか「ジョアン・ウッドワード」などがいるし、進化形の「ジェーン」も代表的な名前だ。だから、フランスではジャンヌと言えばジャンヌ・ダルクの印象が強いが、他の国では単にクラシックな名でしかない。

しかし近代のアングロ・サクソン国で「セイント・ジョーン」と言えば、ジャンヌ・ダルクになる。プロテスタントでは「聖人」信仰そのものが捨てられたので、「セイント」はカトリックと結びつき、近代の「セイント・ジョーン」は即ジャンヌ・ダルクだからだ。そのジャンヌのイメージは、やはり軍装で馬に乗った勇ましいものだから、アングロ・サクソン国では、ジャンヌ・ダルクというと、フェミニズムのシンボルとなった。フランスでナショナリズムのシンボルである聖女がアングロ・サクソン国ではインターナショナルなフェミニズムに結びつくわけである。フランス語と違って名詞に男女の性別がない英語では女性名詞の国名と女性の姿を重ねる発想もない。第一、ジャンヌ・

ダルクにオルレアンから蹴散らされたのは、イギリスの「男たち」であって、女たちではなかった。

では、実際にイギリス人にとっては英仏の確執を超えるほどに男女の確執が深刻なのかというと、どうもそういうことではない。そもそも、イギリス人は、ジャンヌ・ダルクを殺したのはフランス人だと思っている。確かにルーアンでジャンヌを直接裁いたのはフランス人のコーション司教だったし、イギリス軍と連合していたのもフランスのブルゴーニュ公だった。ジャンヌ・ダルクを捕虜にしたのもフランス人だった。

前述のように、英仏の王朝は姻戚関係もあり英国王の領地がフランスにある事態が続いていた。ジャンヌ・ダルクの時代はイギリスの人口四〇〇万人に対してフランスは二〇〇〇万人であり、シャルル七世に対抗してフランス王を名乗った幼いヘンリー六世もフランスに渡っていたのだから、イギリス軍が百年戦争に勝っていたら、イギリスが「大フランス」に拡大していてイングランドとフランスの境界は曖昧になっていたかもしれない。近代以降のイギリス人の目から見れば、ジャンヌ・ダルクのエピソードがある意味で「フランス内で起こったフランス人同士の内輪争い」として映ってもそう驚くこともない。

言い換えると、英仏間の確執や遺恨やライバル意識、アングロ・サクソンの優越意識などは年季の入った事実なのだが、フランスにとって反英のシンボルであり守護聖女であり続けるジャンヌ・ダルクに関してだけは、英仏の見方が真逆になることがない。フランスの国境をひとたび越えさえすれば、ジャンヌ・ダルクは、別の価値を担う別のシンボルになるのだ。

それは「フェミニズムのシンボル」であり、「戦いの女神」であり、「権力に権威をまとわせてくれる無害で便利なツール」だった。

次章では、ジャンヌ・ダルクとジェンダーについて述べてみよう。

パリのジャンヌ・ダルク

この本を書いている間にジャンヌ・ダルクの墓参りでもしたかったところだが、火刑にされたジャンヌに墓はない。せめてもと思って、近間のパリ市内の聖ジャンヌ・ダルク・バジリカ聖堂に寄ってきた。ここはミサの時以外に一般公開していないので、普通の観光客などには敷居が高く、ほとんど知られていないのが残念だ。

パリ市内にはバジリカ聖堂という特別の巡礼対象になっている大聖堂がいくつかある。観光客にも有名なのはノートル＝ダム大聖堂やモンマルトルのサクレ＝クールだ。

パリの一等地にあるのは聖母のヴィジョンが見られたとされるノートル＝ダム・デ・ヴィクトワール、ノートル＝ダム・デュ・ペルペテュエル・スクール（「恒久の救済の聖母」。ここはローマのサンタ・マリア大バジリカ聖堂の奇跡のイコンのコピーを有していて一九六六年にバジリカ聖堂として認定された）だ。

七区にあるサント＝クロチルドは、一九世紀のネオゴチック様式の聖堂で、遠くから尖塔を見ると、小ぶりのノートル＝ダム大聖堂かと思えるほどだ。ここは、一八九七年のクローヴィス洗礼一四〇〇周年を記念してバジリカに認定された（クロチルドはクローヴィスの妻。クローヴィスの洗礼によってキリスト教国としてのフランスの歴史が始まった）。

つまり、他のバジリカは、聖母、王妃、イエスの聖心臓と、錚々たる聖人に捧げられていることになる。それに対して、一五世紀に生きた普通の村娘で一七歳で歴史の表舞台に登場、一九歳で火刑台で殺された処女戦士ジャンヌ・ダルクは、一九二〇年にようやく聖女になった後、聖母と並ぶフランスの守護聖女になり、晴れて首都にバジリカ聖堂を建ててもらったわけだ。

このバジリカは、一八区のシャペル通りにあるサン＝ドニ教会に接して建てられている。一四二九年、オルレアンを奪還した後で、パリに攻め込もうとしたジャンヌは、その前にこの教会で一晩を祈って過ごした。その頃、ここは城壁に囲まれたパリ市内ではなく郊外の丘の上だったのだ。

聖ドニとはパリの初代司教で、殉教して首をはねられて、自らその首を抱えて丘に登りモンマルトル（Mont des Martyrs「殉教者の丘」）の名を残した。その向こうにあるサン＝ドニ市には聖ドニのバジリカ聖堂があって代々の国王の墓所になっている。教会ではなくカテドラル（司教座）である。一八区のサン＝ドニ教会はその出店のようなもので、ここから聖ドニのバジリカまで、聖体や聖像を掲げた立派な行列があったわけだ。それが今は、サン＝ドニ市も、サン＝ドニ教会のあたりも、アラブ・アフリカ系の移民が多くゲットー化している区域となり、教会よりもモスクでもあった方が人が集まりそうな人口構成になっている。治安も悪く、とても巡礼者がバジリカを訪れるという雰囲気ではない。

そのために、平日はずっと閉まっている。バジリカが開いている日も、サン＝ドニ教会の内側から入るようになっている。バジリカの立派な表門は閉じられたままなのだ。

サン＝ドニ教会でも、蠟燭を備える人が小銭を入れるスタンドが壊されて聖アントワーヌの像が倒されて首が落ちた（特別にバジリカを案内してくれた係の人が、告解室の扉を開けてその無残な姿を見せてくれた）。聖母子像は、木製だが銅で装飾をされているのでそれをはがしに来る者もいる。あちこちに監視カメラが据えられた。

バジリカは、さすがに、一二〇〇人が集まれる広々としたものだ。

ジャンヌ・ダルクの像は全部で三つある。

バジリカの前庭にブロンズ製で甲冑姿の勇ましいジャンヌ。

バジリカの聖堂内陣前の広間（ミサの後ここでコーヒーなどを飲める）に、女装だが、天使の翼のように衣を持ち上げて百合の花をかざし、腰には剣を帯び、軍旗も支えるジャンヌ。

そして、サン＝ドニ教会の方に、中に入ってすぐ左手に火刑台に縛られたジャンヌの像がある。顔は若い娘のそれだが、上衣をはだけてそらしたたくましい肩や胸には女性らしいところがなく、ギリシアの勇士の姿のようだ。

どれも二〇世紀初頭テイストの像だが、三つを次々に見ていくと胸に迫るものがある。

サン＝ドニ教会にはパリの守護聖女ジュヌヴィエーヴもやってきて聖ドニの遺骨の前で祈ったと言われている。ジュヌヴィエーヴはパリをフン族から守った。ジャンヌ・ダルクもパリをイギリスと組んだブルゴーニュ派から「解放」しようとしたのだが、聖ドニは、ちょっと困ったのかもしれない。ジャンヌは結局パリを攻略できずに負傷してしまった。

郊外のサン＝ドニ大聖堂の方は、代々のフランス王の墓所でもあるから、ジャンヌ・ダルクはそこにももちろん寄っている。ランスで戴冠したシャルル七世の一行も、先祖の墓に報告に来た。ヴォルテールの『オルレアンの処女』では、シャルル七世の放蕩ぶりにフランスの危機を感じた聖ドニがジャンヌ・ダルクに救国の白羽の矢を立てる設定になっている。しかしその加護もオルレアンどまりでパリには及ばなかったらしい。

昨年（二〇一一年）の夏には、久しぶりにオルレアンのジャンヌ・ダルクの銅像をじっくり見た。ナポレオン三世によって除幕された堂々たる騎馬像であるが、その後、第二次大戦の時に破壊されたのをアメリカのニューオーリンズ（つまり新オルレアン）の住民たちの寄付によって再建したとの銘がある。ニューオーリンズにはオルレアンの市民が入植したわけではないのだが、縁がある。

一九五八年にパリのピラミッド広場にある有名なフレミエの騎馬像（一八八〇）と同じものがニューオーリンズに贈られたが、それを建てるのに必要な三五〇〇〇ドルが町にはなく、何年間もしまわれたままだった。一九六〇年に当地を訪れたド・ゴール大統領がそれを知って帰国してから呼びかけ、オルレアンをはじめとしていくつかの都市が設置費用を寄付した。一九七二年に〈Gift of the People of France〉という銘と共に無事設置され、一九八五年に金彩色をされ、今はフランス広場に飾られている。

パリのピラミッド広場の銅像ははじめは馬が巨大すぎて造り直された。作者のフレミエ自身が馬車で傍を通るときにはいつも目をそらしていたと言われている。パリにはジャンヌ・ダルクの像が教会以外の公共の場所に複数ある。

聖ドニに祈ってからパリに入城しようとして果たせなかったジャンヌ・ダルクがそれを見たら、さぞや感慨深いことだろう。

第二章
ジェンダーの戦い

＊戦う女性たち

ジャンヌ・ダルクが近代において二度目の「復権」を遂げた一九世紀のフランスでは、ジョルジュ・サンドやサラ・ベルナールという男装の女性が活躍した。にもかかわらず、フランスにはジャンヌ・ダルクを直接フェミニズムに結びつけるという発想が欠けていた。戦う聖母マリアや戦うジャンヌ・ダルクや戦うマリアンヌなどのイメージは、シンボルでありイコンであって、生身の女性の生き方のモデルとしては機能しない。それどころか、ブルジョワの世紀においては、「女性は家父長の財産の一部」であるという教育的イデオロギーが根を下ろしはじめていた。

女性の参政権獲得の運動が、一九世紀後半にアングロ・サクソン国で盛り上がった時、キリスト教内部でもフェミニズム神学が生まれた。プロテスタント系では聖書の中の女性に関する記述を分析したアメリカ女性エリザベス・キャディ・スタントンが出て、カトリックでは、二〇世紀初めに、イギリスで「国際聖ジャンヌ・ダルク社会政治連合」St. Joan's Political and Social Union が生まれた。これは家父長的な神のイメージを批判して、神は女性であるとする過激なものだったが、フランスにも支部ができたし、第二次大戦後もユネスコの女性の権利についての委員会に答申書を出すなど今でも広く認知されている。

「人は女に生まれるのではない。女になるのだ」というフレーズで有名な『第二の性』(一九四九)を著したシモーヌ・ド・ボーヴォワールのフェミニズムもアングロ・サクソン国に多大な影響を与えたが、そのボーヴォワールも「二〇世紀フランスのジャンヌ・ダルク」だと讃えられた。ボーヴォワール自身は、教職に就いた初期にジャンヌ・ダルクの殉教地であるルーアンのリセ・ジャンヌ・ダルクに赴任したにもかかわらず、ナショナリズムの色やカトリックの色が濃いジャンヌ・ダルクというキャラクターを敬遠したのか、ほとんど言及していない。

ともかく、アングロ・サクソン系のフェミニズムとそれを輸入したフランスのフェミニズムにおいては、「女性の偉人」の系譜の中に、ジャンヌ・ダルクはキュリー夫人らとも並んで欠かすことのできないキャラクターとなっている。

そもそも、アングロ・サクソン型フェミニズムの文脈の中での「女性の偉人」には、「男性と伍して戦った」あるいは「男性をしのぐ戦績をあげた」という、「男まさり」の要素がキーとなる。「戦う女性」が、町や国の守護聖女として、宗教色に彩られながら統合や愛郷心のツールとなりがちなフランスとは少しニュアンスが違うのだ。

ジャンヌ・ダルクが「復権」をとげた後に生まれて、百年戦争が終結した後で、もう一度、新しい「戦う女性」の光を輝かせたもう一人のジャンヌがフランスにいる。そのケースを紹介しよう。

＊「小斧」のジャンヌ

ジャンヌ・アシェットは一四五四年に生まれた。

百年戦争は一応の終結を見、カレーを除いてイギリス軍はフランスから姿を消した。ジャンヌ・ダルクのおかげで戴冠したシャルル七世は名実ともにフランス王となっていた。ジャンヌ・ダルクの復権裁判が始まっていて、その名がすでに神話化していた頃である。ジャンヌ・アシェットの名もジャンヌ・ダルクにちなんでつけられたという。洗礼名は聖者の名から選ばれる。ジャンヌ・ダルクはまだ聖女として認められていなかったが、ジャンヌという名はすでに聖女の名なので自由につけることができたのだ。


一四六一年、シャルル七世の後にルイ一一世（一四二三－一四八三）が王位についた。この人は、暗く陰惨でマキャベリックなイメージのある人だが、フランスの統一のために大きな努力を払った。今までの封建諸公との関係から、直接市民や村民との関係を打ち立てた。自ら各地を巡行して、領主や司教に土地割りや収益を計上させた。けれども、親戚筋にあたる大諸侯を完全に従えたわけではない。毛織物で豊かなフランドルにも覇権を持つブルゴーニュ公国は、イギリスとの同盟は捨てたとはいっても、権力への野心は捨てていなかった。大きく分けるとフランスは、東のブルゴーニュ公と、西のブルターニュ公との緊張関係の中にあった。

ジャンヌ・アシェットが生まれたのは、パリから七五キロほど北にあるボーヴェの町の近くだ。ボーヴェはこの頃の他の都市と同じく、城塞によって回りを囲み、ブルジョワが中心となった自治体制を敷いていた。領主の政治地図の変化によって王党派になったりブルゴーニュ派になったりと翻弄されてきたが、ジャンヌ・アシェットの生まれた頃は、統一されつつあるフランスのナショナリズムを受けてまず王党派だった。しかし、町は一つの藩のようなもので、市民たちは自分たちの繁栄を最大の重要事と考えていた。一四六二年以来、公式の領主はフランス王に任命されたボーヴェ司教ジャン・ド・バールで、町の税金はこの人のところにいく。ボーヴェ市民はこの人選に不満だった。その前は、ボーヴェの司教座《カテドラル》参事会のメンバーによる選挙で司教を選ぶ形だったからだ。ジャン・ド・バールはジャンヌ・ダルクを火刑にしたコーション司教の三代後にあたる。フランス王はこういう点でも、少しずつ王権を拡大していったわけだ。次の世紀には王による指名が制度化した。

しかもボーヴェに隣接するピカルディ地方はブルゴーニュ公の勢力範囲であり、戦略の要地でもある。王は、内乱に備えて、市民による射手部隊を常設するよう要請した（射手は人頭税を免除される）。百年戦争でイギリス軍との勝敗を分けたのが、しばしば砲兵と弩《いしゆみ》隊の多寡であったことから得た教訓だった。町は、絶えず不安と緊張にさらされていた。

ジャンヌ・アシェットは赤ん坊の頃に農民夫婦のところに里子として預けられた。やがて、親が姿を消し養育費も送られなくなったが、夫婦はジャンヌを手元においた。養父とともに狩りに行ったりする活発な少女だった。生活が苦しくても、生きている最大の目的が死後に天国へ行くことであるという素朴で信仰心の篤い環境だった。一〇歳の時に養母が死に、養父はボーヴェの町のある士官の未亡人にジャンヌの身を託した。ジャンヌは行儀作法を習いながら紡績工場へ勤め、持参金を稼ぐことになる。

一四七〇年、ジャンヌが一六歳になった頃、好戦的なブルゴーニュの豪胆公《ル・テメレール》が不穏な動きを始めた。フランス王やブルターニュ公との折衝もすべて暗礁に乗り上げた。ボーヴェの町は厳戒体制に入る。ミラノ公国から輸入した武器弾薬が市役所に集められ、住民は自警団をつくり、ジャンヌも兵が武具をつけるのを助けるボランティア団に登録した。どの市民も自宅に王の兵士を二人泊めるように義務づけられた。未亡人とジャンヌの家にも、後にジャンヌの夫となるコラン・ピロンという兵士がやってきた。

こういう状況で、一四七二年の夏が来た。豪胆公の率いるブルゴーニュ軍は、フランドル、アルトワ、ピカルディの歩兵や武器とともにボーヴェに向かった。ナントにいるルイ一一世は援軍をよこさない。領主である司教ジャン・ド・バールも逃げ去っていた。ボーヴェの四万の市民は、ほとんど自力で戦った。町のぐるりを守る要塞では激しい攻防戦が繰り広げられた。女たちも、城壁の上から撒く生石灰や石つぶてを用意し、砲兵に火薬を手渡し、敵の上にそそぐ油を煮る。硫黄と油の匂いに、血の匂いが混じる。

一人の市民が傷つくたびに、ジャンヌは、恐怖よりも怒りと無念で胸に鉛を注がれたような気分になった。世界が、少しずつ、崩れてゆく。「神」がジャンヌの頭を横切った。幼いころに養母にいつも言って聞かせられたジャンヌ・ダルクの言葉、「聖なる王国フランスに戦いを仕掛ける者は、王なるイエスに戦いを仕掛ける者だ」が口をついた。戦いに先立って、ルイ一一世と司教は、「この戦いで命を落とす者は天の歓びを知り、聖者と共に（天国で）過ごすであろう」と宣言していた。敵のブルゴーニュ公の方では、ルイ一一世のことを「親殺しで異端で偶像崇拝者」と非難して戦いの大義名分にしていたのだがもちろんジャンヌたちの知るところではない。

ジャンヌは興奮していた。人の波にもまれていつのまにか要塞のそばに来ていた。城壁の上では、勤め先の工場長が指揮をとっていた。ジャンヌは敵を防ぐ火の壁をつくるために、重い板や木のドアを運んでは火に投げ込んだ。服は煤で真っ黒になり、全身は汗で濡れた。五年間も繰り返した防戦演習でも、こんな情景を思い描いたことはなかった。決められた持ち場を離れて、パニックに陥っている大の男も大勢いる。これで、この戦いに敗れたら、今までの訓練や、確信は何だったのだろう。

気がついたとき、ジャンヌは城壁の上にあがる梯子に足をかけていた。下でだれかが降りて来るようにと叫んでいる。ジャンヌは自分で自分の行為に驚いた。かまわずに上にあがったが、飛び交う矢と石つぶてと砲弾とで、背を真っすぐに伸ばすこともできない。右腕で顔をかばいながら、ようやく外を見下ろした。見慣れた自然はなくて、すべてが、地獄の光景のようだった。城壁から落とされて死んだ兵士や市民がごろごろと重なっている。

けれども、その衝撃は、ジャンヌをひるませなかった。ジャンヌはすっくと立った。甲冑に身を固めた兵士たちの間に突如として現れた乙女の姿は、若さに輝き、一瞬、あたりの空気の色を変えた。まるで、天からの使者のようだった。そこへ、一人のブルゴーニュ兵が軍旗を高々と掲げて壁を這いのぼってくるのが見えた。ジャンヌは身をかがめ、力ずくで、その軍旗を奪い取った。時がとまったという。城壁の頂で、敵の軍旗を握る乙女の姿を見て、ブルゴーニュ側もボーヴェ側も、衝撃で凍りついた。一人ジャンヌが旗をもって、梯子を悠々と降りていく。ジャンヌは旗を教会にもっていった。供物のようにおごそかに祭壇に捧げる。人々は聖女を見るようにジャンヌを見た。

ジャンヌが敵から軍旗を奪ったというニュースはあっという間に、町中に広まった。ジャンヌが両刃の斧を振りかざして戦ったという噂がなぜか同時に伝播した。このことをもってジャンヌは後に「ジャンヌ・アシェット（「小斧」hachette のジャンヌ）」と呼ばれるようになったのだ。ヒロインに続かなくてはいけないという熱気、神が味方についているという確信が、すべての流れを変えた。

戦いは膠着して、犠牲者を増やしながらさらに一〇日以上続いた。その間、ジャンヌは町の守護聖女（六九五年に死んだ付近の女子修道院長である聖女アンガドレスム）の聖遺骨が納まる棺をチャペルから運び出させた。ジャンヌが先頭に立って行列する。聖女の名を連呼する声と、ジャンヌの名を連呼する声が熱狂のうちに混ざる。民衆は城壁の上、正面に、ブルゴーニュ軍に向けて、棺を立てた。

ボーヴェのジャンヌ・アシェット像

ボーヴェは落ちない。ブルゴーニュ軍の食料は尽きた。七月一〇日の朝、ブルゴーニュ公はボーヴェ戦の敗北を認めて撤退を決意した。

ボーヴェの町は、ジャンヌが敵の旗を奪った六月二七日を記念して、毎年聖者の行列をするようになった。城塞に持ち出された聖女アンガドレスムの棺ももちろん麗々しくかつがれた。

＊戦いの報酬

一四七四年の冬にフランス王がボーヴェを訪れた。二月二二日、カテドラルで王の公文書が読み上げられた。フランス王はジャンヌの英雄的行為に触れて、女性の信仰の力を讃えた。ジャンヌと国王軍の士官コラン・ピロンの結婚が認められた。私生児で孤児であるジャンヌにとっては普通では考えられない玉の輿である。またこのカップルには生涯にわたっての免税が許された。ジャンヌはちょうど二〇歳だった。

この措置はボーヴェの市民を狂喜させる巧妙なものだった。ボーヴェは自力でブルゴーニュ軍をおしとどめたことについて、町全体の免税などの行賞を王に求めていたが許可されずに不満を抱いていた。戦いの時に逃げた司教の処分についても思うようにならなかった。そんな空気のところに王がジャンヌの英雄性を公式に認めたのだ。いわば町が新しい聖女を生んだに等しい。

ちょうど、戦いの最中に、生死を賭けたリアリズムが、ジャンヌによって突然宗教的ヴィジョンへと転換したように、戦後の褒賞の算定が、再びジャンヌによって聖なる価値へとはぐらかされたのである。ある意味では、ボーヴェ市民の「聖戦」の収支が合ったわけだ。現実の勝利も、実際の満足も、結局のところ「聖」なるものを通してようやく得られたのだ。

一四七七年、ブルゴーニュ公はナンシーの近くの戦場でロレーヌ・スイス連合軍に大敗した。二日後、凍った湖で、脳天から顎まで槍を刺され、体の半ばを狼に食われた姿で発見されたという。この年にフランス王はブルゴーニュとピカルディを統一し、一四八二年のブルゴーニュ公妃の死をもって長い戦いは終わった。ロレーヌの少女ジャンヌ・ダルクが夢見たフランスの統一が実現したのである。

フランス王に見捨てられ、フランスの統一を見ずして火刑台で死んだジャンヌ・ダルクとは違って、ボーヴェのヒロインであるジャンヌ・アシェットは、コラン・ピロンとの間に五人の子をなし、四二歳まで生きた。彼女の英雄的行為はすべての公式歴史の中で言及された。カトリックの認める聖女にこそならなかったけれど、ナショナリズムが信仰と重なる地平においてジャンヌ・アシェットはジャンヌ・ダルクに追いついたのだ。ボーヴェの町の「ジャンヌ・アシェット広場」には、一九世紀半ばに建てられたジャンヌのブロンズ像があり、「歴史の中で玉座につき、死を越えて神の栄光に達した」との銘がある。

フランスにおいて、「戦う女性」が「聖なるもの」のイコンへと転化し得る土台は、もちろんジャンヌ・ダルク以前から存在した。だからこそ、ジャンヌ・ダルクの突出ぶりが歴史に刻まれたのだ。けれども、その「女性」性には、複雑な含意が付与されていた。女性の聖性が貴族性や処女性と結びついていたことはその例である。

＊一〇番目の女傑

ジャンヌ・ダルクは、情報流通の限られていた一五世紀においてもかなりの「セレブリティ」であったらしい。ジャンヌがシャルル七世の戴冠式に出席したランスの住民たちが翌年の一四三〇年に書いた手紙（一七世紀に書写されたもの）が知られているが、この軍装の「乙女《ピュセル》」について人々の間でさぞや膨大な量の書簡が交わされていたのだろう。

彼女のインパクトはイギリス軍にも大きなものだった。ジャンヌを恐れて逃亡し、フランスに行くことを拒否した兵士たちを断罪する布令が多く残っている。一四二九年の年代記では、ジャンヌは旧約聖書のデボラやエステルやユディットにたとえられている。デボラはイスラエルの人々を支配していたカナンの王の軍勢を倒すように兵士を鼓舞した女性で、「立ちなさい、主が、シセラ（カナンの王の将軍）をあなたの手にお渡しになる日が来ました」と言った。勢いに乗ったイスラエル軍によって、シセラの軍勢は一人残らず剣に倒れた。エステルは、クセルクセス王の妃となってユダヤ人の迫害者を殺させ、ユダヤ人の「敵に復讐する権利」を認めさせた。ユディットはアッシリア軍の総司令官ホロフェルネスを泥酔させて首を掻き切った。アマゾネスの女王で戦士のペンテシレイアにもたとえられている。

一二〇〇年前後に現れた『ローランの歌』のような武勲詩は男性の世界だったし、中世の騎士物語の騎士たちはかよわい貴婦人を守って戦った。ところが、一四世紀になって突然、戦士を描くイコノグラフィに、新しいテーマが登場した。一三一〇年頃の韻文『孔雀の誓い』（ジャック・ド・ロンギョン）が叙述した「九勇士」les Neuf Preux というものだ。

古代の「異教」からはイリオスの英雄ヘクトール、アレクサンドロス大王、皇帝カエサルの三人、旧約世界からヨシュア、ダビデ、マカベのユダの三人、キリスト教世界からアーサー王、シャルルマーニュ大帝、十字軍のゴドフロワ・ド・ブイヨンの三人がそれぞれ選ばれた。

この「九勇士」を並べた図像が非常にポピュラーなものになったので、一四世紀の終わりにはパリの士官で作家のジャン・ル・フェーヴルが、その女性ヴァージョンを作ることを思いついたのは不思議ではない。『歓びの書』という女性礼賛の物語の中で「九女傑」les Neuf Preuses がはじめて登場した。

アマゾネス族からペンテシレイア、ヒッポリタの二人の女王とメラニパ、ランペタ、シノパ、バビロンの女王セミラミス、ティデウスの妻デイビラ、イリュリアの女王テウタ、スキタイの女王トミリスという面々である。この「人選」は、ボッカチオの作品にインスパイアされたとも言われるが、ともかくこの「九勇士の女性ヴァージョン」＝「九女傑」は大人気を博して、その後、アマゾネスの国の女戦士たちは文芸の恰好のテーマとなった。

フェミニズムの先駆者とも呼ばれるクリスティーヌ・ド・ピザンは『女たちの都』（一四〇五）でこ

のテーマを取り上げたし、オルレアン公ルイはラ・フェルテ＝ミロンの城の正面やピエルフォン城の暖炉を九女傑の像で飾り、アンゲラン七世はクーシー城に「九勇士の間」と「九女傑の間」をあわせてしつらえた。九女傑のモティーフは一五世紀を通じて、壁紙に小説にフレスコ画に、タペストリーに、細密画にと、繰り返し増産されたのだ。メンバーも、旧約のエステル、ユディット、ヤエル、古代のルクレチア、ヴェチュリア、ヴィルジニア、キリスト教の聖女ヘレナ、ブリギット、エリザベトというヴァリエーションが登場している。彼女らの多くは、国を守る王妃や女王という立場であり、紋章付きの楯と共に剣や刀や旗を手にしている。

英仏百年戦争も後半に入った一五世紀には、火薬を使った砲弾や傭兵の使用が広がったせいで、騎士という個人の英雄性やカリスマ性に対する期待は枯渇し、人々は伝説や古代世界の戦士に想いをかけたのだ。それは当然政治的にも利用され、「一〇人目の勇士」の座がレトリックとして使われた。ジャンヌ・ダルクが処刑された年の暮れ、宿敵であるヘンリー六世は、意気揚々とパリに入城してノートル＝ダム大聖堂で戴冠した。当時わずか一〇歳だったヘンリー六世を迎える騎馬行進の先頭には九勇士と九女傑が並んでいた。ヘンリー六世こそが一〇番目の勇士であるという演出だったのだ。

ジャンヌ・ダルクが生きて戦って殺された時代には、このように広くいきわたっていた共同幻想があったことを忘れてはならない。オルレアンを奪還した時のジャンヌがユディットやアマゾネスの女王に例えられたのは、すでにこのような背景があったからだし、ジャンヌが軍装したり神の名によって敵を倒すと豪語してそれが功を奏したのも、「九女傑」の人気によって育まれた言葉が共有されていたからである。ジャンヌは一〇番目の女傑だったのだ。

また後年、ジャンヌが実は王妃イザボーの不倫の子であるなどという貴種流離の伝説が生まれたのは、国や部族を守る王妃や女王という「伝統の女傑」へのアナロジーがあったためだと思われる。

一方、処女戦士、「乙女《ピュセル》」という形容の方は、古代の女傑のイメージではなくキリスト教の聖処女信仰寄りになっている。ジャンヌの特別な力を「高貴な生まれ」によるものだとするか「聖処女性」によるものだと見るかという差は、そのまま、ヨーロッパにおける聖と俗のせめぎ合いの歴史を反映するかのようである。

ともかく、同時代人にとっては、「乙女《ピュセル》」としての聖なるオーラがジャンヌの女傑としての潜力を担保するものだったことは確かである。「ピュセル」pucelleという言葉はラテン語の動物の仔**pullus**の女性形**pulla**が語源だとも言われているが定説はない。九世紀頃から若い娘を意味していたが、一六世紀以降は揶揄や皮肉のニュアンスが加わった。聖母マリアに使われる「処女《ヴィエルジュ》」viergeという言葉が、清らかさを維持してきたのとは対照的だ。Vierge《ヴィエルジュ》はマリアの異名であり、神によってその処女性を守られるのだが、Pucelle《ピュセル》は子供のように素朴であることによって清らかなので神の声を聞くことができるという構造になっている。初期にジャンヌを認めた唯一の英国人作家であるスコットランドのヘクター・ボエシウスは、一五世紀末の『スコットランド史』でジャンヌの「声」は神の声だったと書いた。ウィリアム・ウォセスターも、一四三〇年に「神の乙女」と言われる女性がコンピエーニュで捕らえられたと報告している。しかしその「神の乙女」をどう評価するかについては、イギリスでは最初は魔女、次に英雄、最後に聖女と変わってきた。

特に最初の二世紀はウィリアム・カクストンが年代記に記した誹謗中傷のせいで魔女としてのジャンヌ像がシェイクスピアの『ヘンリー六世』にまでも反映しているのが有名だ。その後、人間的に評価された後、フランス革命後の一七九三年から突然イギリスでもジャンヌ熱が高まった。

イギリスがジャンヌを魔女としたのは、そのまま、彼女の超常的な能力が本気で恐れられていたことを物語る。

異端裁判で証拠として提出されたジャンヌによるイギリス軍への手紙（口述筆記されたものだろう）は「イエス、マリア」と唱えるところから始まっている。それは、イギリス王とベッドフォード公に「天の王に従いなさい」と呼びかけ、「神によってつかわされた乙女《ピュセル》にあなた方が奪い荒らしたすべての町の鍵を返しなさい」と命じ、「あなたたちの国に帰りなさい、もし帰らないなら乙女《ピュセル》が直ちに駆けつけてひどい目にあわせるでしょう」「イギリス王よ、もし従わないなら、軍司令官である私があなたの兵士を否応なく追いたてます。彼らが従わないなら、全員を殺します。私は天の王たる神によってあなたたちをフランスから追い出すためにここにつかわされています」と言い切っている。

ここに見えてくるのは、いわゆる「聖女」の姿ではない。戦いの空気の中で生まれ育って、二元論的に敵味方を刷り込まれてしまった単純な少女の過激な「神懸り」による脅迫である。思春期に発現した統合失調症に由来する幻聴のようでもあり、思い込みの過剰と、現代の自爆テロリストにも通じる聖戦への危険な狂信も感じられる。癇癪持ちだったという証言もある。では、ジャンヌは、情緒不安定で「キレやすい」暴力的な妄想家だったのだろうか?

＊奇跡のありか

しかし、この手紙から伝わる「過激派」の姿とは対照的に、私たちには、異端裁判における記録の、はっとするほど成熟した人格の広がりと深さを伝えるジャンヌの肉声もまた残っている。わずか一九歳、死屍累々たる戦場で自ら傷も負い、牢獄では完全に自由と尊厳を踏みにじられて、心身ともに最悪の状態に追い込まれていた少女は、憎悪と恐れと侮蔑の混ざった高圧的な聖職者たちを前にして、堂々と時には軽やかに、尋問をかわしている。

ジャンヌは味方に裏切られ、神の名において守ったシャルル七世からも見捨てられ、教皇に訴えるすべもなく、肉体的にも精神的にも脅され続けた。一九世紀の過激な無神論者レオ・タクシルは、ジャンヌが聖職者たちにレイプされたと主張した。「清らかさ」とその蹂躙は、常にイデオロギー闘争の薬味となるのである。

男たちは、彼女が「清らかな乙女」であったことで、鼓舞され、恐れ、忌み嫌い、抹殺した。ジャンヌ・ダルク裁判は徹頭徹尾、セクシュアル・ハラスメントであったのだ。彼女がもともと情緒不安定で精神的に病的な状態であったのだとしたら、拘禁と拷問と裁判の過酷な状況の中で、人格乖離を起こしたり重篤な譫妄《せんもう》に陥ったりする可能性の方が大きかったはずだ。実際、大の男ですら、拘禁反応で正気を失うような例は今日でも見られることである。

それに反して、ジャンヌは、最後まで意識をはっきりと持っていたばかりか、戦場の熱さとは反対に祈りと沈思の中で強くなっていった印象を与える。ジャンヌは「声」によって自分が「神の娘」だという自覚を持っていた。しかし当時の教会が求めていたのは、彼女が「教会の娘」であることで、神の代理である教会を代表する男たちにとっては、彼らへの不服従がそのまま「異端」であったのだ。神と教会と聖職者が恣意的に重なっていた時代のことだ。司祭に告解して聖餐にあずかることを何よりも重んじていたジャンヌが、法廷での強圧的な雰囲気にも拘らず、神と教会と目の前の男たちとを最後まで混同することなく、自分が「神から与えられた使命」の意味を問い続けたことは、おどろくべきことである。

一五世紀フランスの一少女が本当に天使や聖人の姿を見たり声を聞いたのかどうかは当時も今も、誰にも分からない。心理的や病理的や文化的な他の説明をする方が簡単なことは自明に思われる。けれども、「私の言うことを聞かなかったら、神に代わって皆殺しよ!」と言っていた少女が、それに続いた勝利の栄光の中ではなく、敗北と屈辱の極みにおいて、昂然と頭を上げ自らの使命を信じ続けたというそのことの方が、はるかに奇跡的なことである気がする。

並みいる聖職者たちは、ジャンヌを抹殺することをすでに決めていた。もとより実質的な政治裁判である。しかし当時の騎士が主君に関する秘密を口外できないことは常識だった。凛としたジャンヌの自信に恐れをなした男たちは、ジャンヌの聞いたお告げにだけ焦点を当て、その不当さを暴いて無化しようとした。彼らはジャンヌの揚げ足を取ろうと虎視眈々としていた。しかし、どんなに脅しもすかしても、ジャンヌは「あなた方にすべてを言うくらいなら首を切られた方がましです」と言って、神との親密な関係を死守した。「それはパスします」「後で答えます」「わかりません」「覚えていません」と言を左右にしたり、比喩的に答えたりして持ちこたえた。大天使ミカエルの最初のお告げも決して語られることがなかったのだ。

異端審問というこの世の巨大な権力と暴力装置を前にして、身も心もぼろぼろになりつつ毅然として持ちこたえ、死を受け入れた一九歳の少女。その姿は、聖人に鼓舞されて立ち上がった神懸りの娘や、軍の先頭を白馬に乗って駆け抜ける勇ましいアマゾネスや、戴冠式で誇らしげに上気している騎士の姿よりも、はるかに英雄性を感じさせる。オルレアン攻撃から火刑台まで、その間に、試練が、彼女を変容させた。ジャンヌの奇跡は、そこにある。

権力争いに明け暮れる男たちは、戯言かもしれないと思っていた村娘の勇ましい鬨《とき》の声を、使い捨てを承知で採用しながら、少女が傷つき捕らえられ、執拗なセクシュアル・ハラスメントにさらされる彼女を見捨てた。けれども、いったん、歴史の流れが変わると、彼女のことを聖女だ、乙女だともてはやして、戦う女の模範にしたり、勝利の女神のように扱ったりした。ジャンヌ・ダルクは魔女でもなく異端者でもなく聖女になりヒロインになったが、決してジェンダーの縛りから解放されることはない。彼女が戦ったのは、イギリス軍や、宗教と政治の組み合わさった巨大な権力装置だけではなく、男たちによるセクシュアルなバイアスのかかった視線でもあったのだ。彼女は自分の使命を確信することにおいて英雄的に、奇跡的に、その生と死を全うした。しかし「ジャンヌ・ダルク」という記号は、その後も、西洋近代の形成においてジェンダーが形作られる間ずっと、触媒のように、活かされていくのである。

近代におけるジェンダーの形成とそこでジャンヌ・ダルクが担った意味を探る前に、近代の夜明けに当たる一七世紀において、男装して戦い、それを社会的に認められた女性の珍しい例をひとつあげておこう。

＊男性として生きたカタリナ・デ・エラウソ

カタリナ・デ・エラウソは、男装を異端としてジャンヌ・ダルクを火刑にしたカトリックのヨーロッパで、男として人生をまっとうできた最初の女性かもしれない。

カタリナ・デ・エラウソは、一五九二年にスペインで生まれた。スペインが海洋大帝国だった時代だ。ジャンヌ・ダルクがロレーヌの田舎で天使や聖女の声を聞いてからおよそ二〇〇年後の一六〇七年、サン・セバスティアンから遠くない女子修道院で、一五歳の少女カタリナは、自由を夢見た。髪を切り、男装して修道院をとび出した彼女は、兵士として軍隊を渡り歩いた。後に、ある方法で胸の膨らみをおさえて平らなままに保ったと言っているから、男として扱われていたのだろう。ジャンヌ・ダルクもそうだったが、一〇代の男女はもともとアンドロギュノス的なものだ。剣術にも秀でていて、優秀で勇敢な兵士として頭角を現したらしい。一五世紀のジャンヌ・ダルクは勇ましかったけれど、戦場で実際には敵を殺していない、精神的支柱だっただけだと言われている。だからこそ後にカトリック教会の聖女の列に加えられたとはいえ、生前は、男装を異端だとされて火刑に処せられた。

カタリナは男性名を使って活躍した。一六一五年、新大陸のペルーに渡り、一〇年間もインディオの抵抗勢力を蹴散らすなど、侵入した敵を追い払う愛国者というよりは西洋帝国主義にのっとった征服者の一員だったのだ。しかし、本当は女性だった事実は知られていたらしく、「旗取り（敵の戦旗を奪う）の尼」などという異名もあったし、軍の先頭に立って馬に乗り、白い服を着て、先端がイエスが磔られている十字架型になっている槍を掲げている絵も残っているから、ジャンヌ・ダルクと同

カタリナ・デ・エラウソ
（アルフォンス・レオン・ノエル画）

じく巫女的な側面もあったのだろう。

しかしジャンヌ・ダルクにあった孤独の匂いがカタリナには不思議にない。男装して軍隊を渡り歩いていた時代も、スペインでは叔父のところや兄弟の家に滞在している。家族公認なのだ。ジャンヌ・ダルクも兄たちが軍に合流したが、彼女はシャーマンであり、家庭の匂いはない。しかも、僅か一九歳で悲劇の死を遂げたジャンヌ・ダルクと違って、カタリナは多くの戦功を成し遂げた後で、一六二六年、三四歳の時にローマに行って、時のローマ教皇ウルバヌス八世に、男として生きる許可を申請している。

その時の審査資料として自叙伝が書かれた。性的アイデンティティの審査もこの時に産婆によって行なわれ、女性であり、処女であることが記録されている。在俗で処女奉献をするという生き方は当時から認知されていた。それは男の家族や夫による親権行使や庇護なしに女性が独立して生きる一つの形だったのだ。この時に魔女だとか悪魔と交接しているとかいう疑いをかけられていれば、即、火刑にされていた可能性もあったはずだ。結局、ローマ教皇は、カタリナに男として生きてもよい、とお墨付きを与えた。一七世紀において性同一性障害を認知されたようなものである。ある意味で、すごく新しい。

多分カタリナは実際に性同一性障害であり、しかし性的には男として生きられなかったので、男性ホルモンやリビドーはすべて戦闘や征服や冒険の中で消費され、昇華されていたのだろう。彼女は有名で、人気もあり、神話的な存在だ。彼女の後にもヨーロッパは多くの女性冒険家を生んだ。女性解放と自由と未知の国への旅立ちすなわち冒険は、連動していたからだ。

カタリナは、ひと味違う。戦士ジャンヌ・ダルクと女性冒険家をつなぐ独特の何か、痛々しさのない幸せなオーラをかもし出す貴重な「男装の麗人」として特筆に値する。

しかし、女性が、「男性として生きる」ことを社会的に「認められる」こと自体が、すでに女性差別を前提としているのは言うまでもない。女性が男性のようにふるまうのは、それが男たちを実際に脅かさない限り、ポジティヴな「上昇志向」であり、それを認められることは「出世」や「成功」のシンボルとなる。それを本当に理解するには、反対に、女性のようにふるまう男に向けられる社会の視線と比べなくてはならない。

まず、「女性のようにふるまう男」が良くも悪くも社会的に認知されるのは、ある程度安定した社会の状況が必要である。女性が男装するのは身を守る必要に迫られるからであることが多いが、男性が女装する時には、必要性とはまったく別の、「倒錯の余裕」のようなものがあるが、別の男たちから制裁される時には、近親憎悪とも言える過酷で陰惨な場合も少なくない。男性による男性同性愛者嫌悪は、それが顕《あらわ》になれば、女性嫌悪よりももっと過激になる事情は、今も変わらない。

＊女装の男性の系譜

フランスでは、男女逆装が、一七、八世紀の文学（主として戯曲）の大きなテーマの一つになった。オノレ・デュルフェの大河小説『アストレ』は、ドルイドの活躍する五世紀のガリア地方が舞台で、主人公セラドンが羊飼いの娘に変装する。こうして恋人である羊飼いの娘アストレに会いにいくのだが、アストレはセラドンが死んだと思っているので気がつかず、二人は女友達の関係になってしまうのだ（ボワローはこの展開をショッキングだとして批判している）。その他ルーヴェ・ド・クーヴレの『騎士フォーブラスの恋愛』でも若いヒーローが女装する。ボーマルシェの『フィガロの結婚』における小姓チェルビンのようなアンドロギュノス的存在もいる。フランスが文化的に繁栄し、政治的にも安定していた頃だからこそ、それが可能になったのだと言えるが、それにしてもその頃になってどうして男性の女装が少なくとも文学のテーマとしては脚光を浴びるようになったのだろうか。

女性の男装については、それを禁止することが女性抑圧の機構として働いてきたからこそ、男装が挑発であり、解放の記号として機能するという歴史がある。また、だからこそ、人権思想が定着した後で、女性の男装が既得権として社会的に認定されることにもなったのだ。現代の自由主義国家における女性の服装の選択の幅が非常に広いのを見てもその流れは明らかだ。

これに対して男性の女装は、男装自体が社会的な差別や抑圧を意味していないのだから、女装による「抑圧からの解放」という文脈には乗り得なかった。女装は、宗教的禁忌とは別に性的倒錯として現れてきた。

一七、八世紀のヨーロッパの服飾文化では、服による男女の区別がだんだんと強調される傾向にあったことも考える必要がある。少女時代のマリー・アントワネットの有名なエピソードとして、ある時チャペルに入ってアダムとイヴの絵を見つけ、「まあ、服を着ていないと、男か女か区別がつかないじゃないの」と言ったというのがある。つまり生物学的な性差よりも、服や髪形や装飾品の記号による性差が優先していたというわけだ（上流階級では特にそうだった）。

もちろん「実用」のための女装というのもあった。たとえば、太陽王ルイ一四世が王位につく前の過渡期に起こったフロンドの乱という内乱があった頃、ブイヨン公の四人の息子がパリを脱出するために女装したという記録がある。身を隠した田舎では、女の子の格好をした四人が戦争ごっこをしているのが目撃されたという。ちなみにこの時、公妃は男に化けてパリを出ようと試みている。こういうケースでは、物理的に「身を守る」というよりも、服装というジェンダー記号を変えることでアイデンティティを変えるというところに主眼があったのだろう。

その頃に出てきたもう一つの「実用」の女装は、ルイ一四世の弟の教育において実践された。フランスの王権がようやく強固なものになってきたというのに、それまでの王は、しばしば兄弟間の勢力争いの犠牲となって暗殺されている。ルイ一三世の弟ガストンがスペイン王の保護のもとに兄王に公然と宣戦布告したことも記憶に新しかった。そこで、ルイ一四世の宰相マザランは、王の弟を女性的に育てることにした。ルイ一四世は五歳で即位しているから、その先に何が起こるかという不安定さを一掃するために、弟が将来王座に野心を抱かぬようにしておく必要があったのだ。

もともとその頃の宮廷では、幼児服というのは大人の服のひな型ではなく、ユニセックス的な、どちらかというと女の子の服に近いものだった。七歳頃に一種の元服があって、初めて男の子は男の服を身につける。しかしルイ一四世の弟の場合ははっきりとした目的を持った女性化だった。宝石やリボンに対する嗜好を植えつけられて、侍女たちに人形のように育てられた。その甲斐があったのか、この人は同性愛者となり、成長して美青年を追いかけ回すことになる。その後、政略結婚も一応させられているが、まもなく妻に興味をなくした。まともな家庭や子孫がなければ王位への野心も生まれないので目的は果たされたわけである。成年に達してからは日常的な女装こそしなかったが、カーニヴァルや仮面舞踏会などの折りには女装を楽しんだらしい。

＊女装の神父

この王の弟のお遊び相手として選ばれたのが、後に「女装の神父」として有名になるティモレオン・ド・ショワジーである。弟殿下よりも四つ年下で貴族の息子だったが、八人兄弟の末っ子で溺愛されたらしい。母親は突飛な行動をするユニークな奇人として知られた人だった。女性の平均寿命が四五歳だった時代に四〇歳になってから生んだ末っ子は、自分の若さを象徴するもののように思われ、他の子のように乳母にまかせず手元においた。この母の好みでティモレオンはずっと女装で育つ。あるいはそこに王の弟殿下の側近として育てようという野心があったのかもしれない。弟殿下は王女たちや宰相の姪たちとティモレオンのところに週二、三回訪れては女装をして遊んだという。ティモレオンはいつも一番の人気者だった。アンドロギュノスの魅力が少女たちの心をとらえたのだろうと自分で回顧している。

彼の女装は半端ではなくて、小さいころから母親が雄黄（硫化砒素）水で手脚をこすってむだ毛を絶った。耳にはピアスの穴をあけ、コルセットで体をしめつけて、胸の膨らみが出るようにもされた。この人は、長じてもその趣味が忘れられず、化粧もし、首と肩を白く柔らかくするための手入れを続けた。ティモレオン・ド・ショワジーは型破りの人物で、その後ソルボンヌで神学を学び、僧形になってからも、化粧して美しいドレスを着て、ダイヤモンドを輝かせながら宮廷に出入りしていたが、一度も公には非難を受けていない。二世紀前にジャンヌ・ダルクが男装を理由に戻り異端として焼かれたことから思うと、まさに隔世の感がある。

ティモレオンは四〇歳の時に大病を経験し、それがきっかけで宣教の使命に目覚めて、ルイ一四世の外交官といっしょにシャム（タイ）王国へ旅立った。シャムで正式に司祭叙任を受け活躍するが、女装癖は変わっていない。帰国してから旅行記を発表し、作家としてのキャリアを歩み始めた。日常的に女装しながら執筆していたという。歴史書も手がけて、膨大な『教会史』を著したほか、『女装の神父ショワジーの冒険』という自伝を残し、八〇歳で最年長のアカデミー会員として死んだ。

＊エオンの騎士

ティモレオン・ド・ショワジーの次の世代には、これもまた有名な「女装の騎士」が歴史の表舞台に登場した。「エオンの騎士」とよばれたシャルル・ド・ボーモン（一七二八–一八一〇）だ。この人は、ルイ一五世の士官でもあり、諜報員でもあった。この人も長生きしたが、通算すると生涯の三四年間を女装で過ごし、四九年間を男装で過ごしたといわれる。当時から、両性具有のヘルマフロディトではないかとも考えられていたが、洗礼の記録には「男」とあり、死後に男性だったという外科医の証明書が出た。遺体の型取りまでされたがそれは失われたという。

エオンは二七歳まで立派な騎士としての経歴があり、竜騎兵隊長で「聖ルイの騎士」という称号を持っていた。ところが、勧められるすべての縁談を拒否し、ルイ一五世の諜報員としてロシアの宮廷に派遣された時に女装した頃から話がややこしくなった。次にはイギリスの宮廷に移ったが、そこにロシア時代の旧友の姪がやってきて、エオンはロシアでは女だったと言い出した。ロンドンの社交界はエオンの性別をめぐって賭けまで始める始末だった。一七七一年、エオンはすでに四三歳になっていた。

その後、一七七四年にルイ一五世が崩御し、時代が変わった。諜報員として国家の陰謀や機密を知り過ぎているエオンには政敵が多すぎた。フランスからの年金や経費などが送られてこなくなりエオンは窮地に立った。無事に帰国するための身の安全をはかるためか、彼はついに、自ら「実は女性だ」と告白するにいたる。フランスの新政府はそれを認め、秘密文書をすべて渡すことを条件に帰国を許し、女としての洗礼証明書を新たに発行して、女子修道院へ入るように言い渡した。聖ルイの十字勲章はつけてもいいが、以後男装すると不服従の罪に問うとされた。ここでは女装ははっきりと

「服従のシンボル」として機能している。

四九歳のエオンは一四年ぶりにロンドンからフランスに戻った。竜騎兵隊長の姿である。女装を強要するために、女王マリー・アントワネットが自分の仕立て師をエオンのもとに送った。まず宮廷で「お披露目」があったが、この時のエオンの様子は「尾を失った狐のようだ」といわれた。優雅なお辞儀をするかわりに、帽子がわりに鬘《かつら》を持ち上げそうになったり、イギリスのスパイは「エオンは女装してから前よりも男っぽく見える、声も態度も服を裏切っている」と報告した。一八世紀のフランス社交界で活躍したグリム男爵は書簡の中で「スカート姿のエオンほど下品なものを想像するのは難

「エオンの騎士」
（トーマス・スチュワート画）

しい」とまで言った。しかし、『フィガロの結婚』の作者ボーマルシェはエオンに求婚さえしたというから、相手によっては「魅力的な女性」としての説得力も持ち続けていたのだろう。

結局女子修道院に入ることもなかったが、アメリカの独立戦争に参加したくてイギリスに戻ろうとして逮捕され、生家に軟禁された。最後に五七歳でふたたびイギリスに戻り、二度とフランスの土は踏まなかった。イギリスでは相変わらず社交界の評判で、女剣士としてウェールズ太子の前でフェンシングのチャンピオンと御前試合をして互角に戦ったり、チェスの試合でも活躍した。フランス革命後は年金も完全になくなり、女の姿のまま剣術師範として渡り歩いて糊口をしのいだ。しかし六八歳で剣の傷がもとで寝込むようになり、イギリス女王がわずかの年金を与えた。七六歳で借金のため投獄されたこともある。享年は八二歳であった。

エオンの女装は、初期にはスパイという仕事の手段であり、後には政敵から身を守る恭順のジェスチャーという側面ももちろんあったが、むしろ「倒錯した自己顕示」に近いだろう。彼は、「男装の女剣士」という神話を創って、それを生きたのだ。ヴォルテールはエオンのことを、「火刑にされないオルレアンの処女だ」と評した。騎士ではあったが、もはや「聖戦」はなく、スパイの跳梁する時代に生きたエオンはジャンヌ・ダルクのパロディにしかなれなかったのだろうか。過激な愛国者で反イギリスのナショナリズムの元祖だったジャンヌ・ダルクと違って、エオンの騎士はイギリスとフランスの間、男と女の間を行ったり来たりする国際人だった。時代の差や個性の差は大きいが、エオンにもショワジーにも、ジャンヌが受けたようなセクシュアル・ハラスメントの影はなく、それはやはりジェンダーの差だというべきものであろう。

ティモレオン・ド・ショワジーが、自分は人生を三度も四度も生きた、と称したように、エオンも一度の人生では収まりきれない波瀾万丈の生涯を過ごした。過激な生命力のあるところには、性の交錯も生まれるのだろうか。しかし彼らの性の交錯から力が生まれたわけではない。

中世には、戦う女、男装の女、聖女たちの「異端」が現実世界と交わって激しい火花を散らし、奇跡のパワーを巻き起こした。それに対して、平和と爛熟の時代に女装で生きた男たちの場合は明らかにちがう。「異装」はもはや「異端」にはならず、濃密なエネルギーのはけ口となってはいたが、それ自体としてはどこまでも不毛で退廃的な道化芝居に終わったのである。

では、ショワジー神父やエオンの騎士ら公人である「女装の男性」を生んだ時代のフランスでは、ジャンヌ・ダルクはどう評価されていたのだろう。エオンのことを「火刑にされないオルレアンの処女だ」と評したヴォルテールの言葉には、エオンに対しても、ジャンヌ・ダルクに対しても、「道化」への揶揄が込められているのではないだろうか。

＊ヴォルテールの描いたジャンヌ・ダルク像

中世後期に救国のヒロインとしてナショナリズムの歴史をスタートさせたジャンヌ・ダルクについて、フランス革命の起こった啓蒙の世紀のフランス人はどんなイメージを抱いていたのだろうか。フランスにおいては、一九世紀にミシュレが『フランス史』を書く以前に、近代的な歴史叙述はなかった。歴史書とは常に、教会や王侯貴族らの権力や権威を補強するために美化や正当化や神話化のためのレトリックを駆使して構成されたものだったからだ。

ジャンヌ・ダルクについての叙述においても、事情は同じである。ジャンヌの死後四年を経てオルレアンで上演された祝典劇『オルレアン攻防の秘蹟劇』という韻文劇以来、彼女は、イギリス軍を追い出してシャルル七世を王位につけた処女戦士という伝説的なキャラクターとしてフランス人が抱く原風景に刻まれていたものの、事実関係をまとめた資料は、歴史叙述者たちの関心の対象とはなっていなかった。

まして、大天使ミカエルのお告げにしろ国王の戴冠式にしろ、フランス革命を準備した一八世紀の啓蒙時代においては、カトリック教会の聖人信仰も国王の王権神授説もすでに批判されたり相対化されたりしていたのだから、ジャンヌ・ダルクの聖性を担保する権威は幻のようなものだった。ジャンヌは「フランス統一のシンボル」などではなく、「中世の活劇の伝説的なヒロイン」だったにすぎない。少なくとも、啓蒙思想家たちの目にはそう見えた。

啓蒙思想の第一人者であるヴォルテールの残したビュルレスクの韻文『オルレアンの処女』(一七六二)に描かれるジャンヌ像によって我々はそれをうかがうことができる。この作品は英雄叙事詩の形式をとっているが、大衆向けの荒唐無稽な冒険物語だ。ヴォルテールは『風俗について』(一七七五)で民衆の信じやすさを指摘し、歴史における神のみ旨の干渉という考え方を斥けている。ジャンヌ・ダルクに対しても、当然「気の毒な愚かな娘」というスタンスだし、王や聖職者の放蕩ぶりを揶揄もしているが、この作品はなによりも活き活きとした娯楽小説になっている。

時代背景はもちろん百年戦争後期で、ジャンヌに率いられたフランス軍がイギリス軍に占領されたオルレアンを奪還するというのが大筋なのだが、歴史小説的な時代考証はまったく欠如している。それどころか、主な登場人物のうち、ジャンヌ・ダルクとシャルル七世とフランス軍の将軍「オルレアンの庶子」ジャン・ド・デュノワ以外は、実在の重要人物でありながら時代が合っていない。彼らと対決する敵の将軍ジョン・チャンドスは百年戦争前半の英国軍の名将で一三六九年に没しているし、ジャンヌと対照的に描かれるもう一人のヒロインであるアニエス・ソレルはジャンヌが処刑された年にはまだ子供で、シャルル七世の愛人となったのは一三年後の一四四四年だ。

それだけではなく、ヴォルテールは、古今東西の神話や歴史上のキャラクターや自分の同時代のさまざまな事件の登場人物に言及して博識を披露し、アナクロニックな架空の世界を創り上げている。いや人物だけではなく、聖人も天使も悪魔も出てくるし、極め付きは翼の生えたペガサスのようなロバだ。最後にエルサレムに入ったイエス・キリストを乗せたロバということで、瞬間移動のような技もできてしまう。まるでゲームの世界である。

しかも、このロバは、物語の最後の方でジャンヌの貞操を奪おうとする。それでなくともこのテキストの中でジャンヌはしょっちゅう貞操の危機に出会い、ロバとは、牡牛と寝たミノス王の妃のように、少しその気になってしまいさえする。結局あわやというところで邪魔が入ってジャンヌはオルレアンの処女であり続けるのだが、この作品には艶笑劇風のベッドシーンがあちこちに出てくる。

この作品から一〇〇年も経たぬうちに、ミシュレがジャンヌ・ダルクを神聖にして侵すべからずの聖処女に仕立て上げたのとはまったく対照的な観点だ。一九世紀以降のフランスでは、ジャンヌ・ダルクは歴史研究の対象にもなり、同時に、フランス統一のシンボルになった。中世におけるフランスの最大の守護聖女はノートル＝ダム、すなわちイエスの母、聖処女マリアだったが、フランス革命はそれに置き換わる「戦うマリアンヌ」という共和国のイコンを作り上げた。ノートル＝ダムが非キリスト教化してマリアンヌへと造型しなおされていく上で、実在する歴史上の女性戦士であるジャンヌ・ダルクがリサイクルされたと言っていいかもしれない。ヴォルテールは、聖女としてリメイクされる以前のジャンヌのイメージを、アニエス・ソレルという対照的なキャラクターと並列することでくっきりと浮かび上がらせたわけである。

＊麗しきアニエス・ソレル

『オルレアンの処女』の第一章は、シャルル七世とアニエスの出会いと熱愛を語るところから始まっている。トゥールの舞踏会で出会ったシャルルとアニエスは恋に落ちる。深夜に船でロワール川づたいに城にやってきたアニエスはシャルルとめくるめくひと時を過ごす。ヴァイオリンとフルートとオーボエ奏者がイタリア風の半音階の曲を奏でている。豊かな金髪の流れるアニエスのうなじは雪花石膏も恥じるほどの純白に輝き、双の乳房は薔薇のごとくに色づいている。一晩中愛し合って起きて食卓に着き、狩りに出かけ、帰ると浴室に行って体に香料をすりこむ。発泡ワインにトカイのリキュール、雄鶏のローストに二〇種の珍味がずらりと並ぶディナーの席を盛り上げるために、ソルボンヌの博士やオウムや猿や道化たちが集められている。食事が終わるとまた床について愛し合う。

こんな暮らしが三ヵ月も続き、イギリス軍の侵攻を知らされても、シャルルは「国なんかイギリス人にくれてやる。君を所有する限り私は王の中の王だ」とアニエスに囁くばかりであった。アニエスはまさに傾国の美女なのだ。

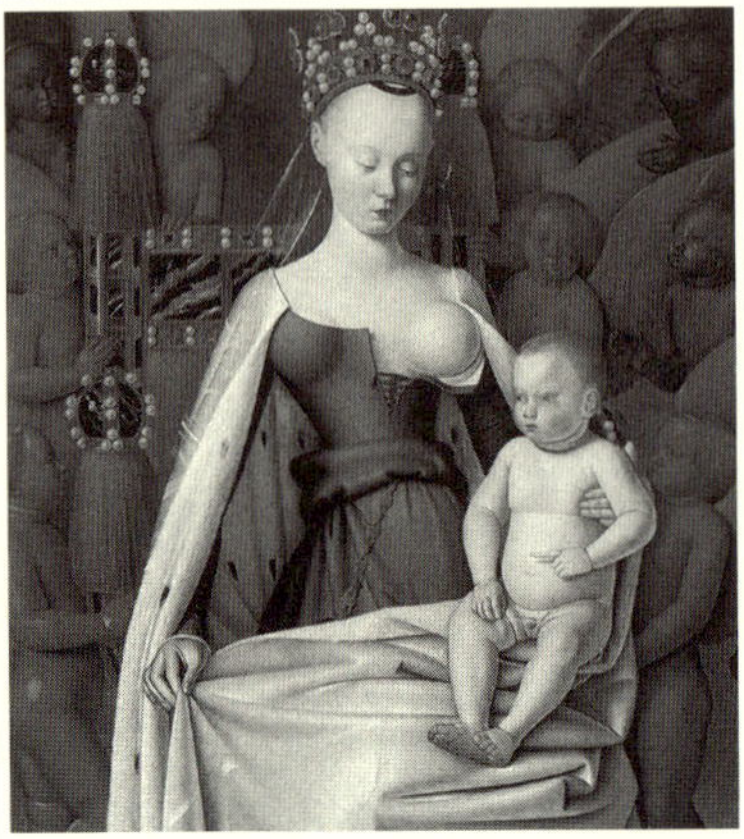

ジャン・フーケによる「聖母」アニエス・ソレル

さて、王太子がこのように放蕩している間に、イギリス軍はフランス国内の教会を踏みにじって厩舎にしたり、聖人像の金箔を剝がして金貨を造ったりという暴虐を尽くしていた。それを天から見ていたのがフランスに最初に福音をつたえた守護聖人の聖ドニだ。ちなみに、パリの北にあるモンマルトルの丘は、殉教して首を切られたこの聖人が自分の首を抱えて登った場所である。聖ドニは、「私の大切なフランス人はみなカトリックで、尊大なイギリス人はみな異端者だ」と嘆き、パリが踏みにじられているのをよそに美女の乳房にうもれている王太子に、「救国の乙女」を送りこむことを決心した。

実際のアニエス・ソレルは、この時まだ子供で歴史に登場していない。地方貴族の娘で美しいばかりか教養もあったらしい。風采も上がらず凡庸だったとも言われるシャルル七世は彼女の魅力に夢中になった。アニエスとの関係が始まった一四四四年の一年間だけで二万エキュ以上に相当する宝石を贈ったと記録されている。アニエスは、フランス史上初の国王の「公式の愛人」となった。オルレアンの「処女」のおかげでランスの大聖堂で戴冠した国王が、不倫を公にした初めての王となったのは皮肉だ。

当時の年代記作者たちもアニエスのことを口をそろえて美女の中の美女であり遊蕩の女だと書きたてた。既婚の貴族の女はそれまでヴェールをつけていたのに彼女はそれを捨て去り、奇抜な髪型を誇示したり、それまでの上着とスカートから、肩を大きくむき出しにするローブ・デコルテというドレスを創始した。八メートルも引きずられるその裾には高価な毛皮が配されていた。そればかりではない。ジャン・フーケらは、左の乳房のこぼれるアニエスの肖像画を描いた。それは時として、幼子イエスに授乳するために胸をはだけた聖母の姿に託されているのだった。乳房は真っ白で完璧な球形をしている。

公式の愛人として、国王との間になした四人の子供はすべて認知されたが、男児は急逝し、アニエス自身も三〇歳にならぬうちに突然死を遂げた。このアニエスは二一世紀の初めに一時話題になったことがある。埋葬されていた遺体が、二〇〇四年から五年にかけて解剖されたのだ。その体からは回虫を駆除するために飲んだと思われる水銀が検出されたが毒殺の疑いも濃い。額は高く口元は小さかった。ブルジェの博物館に残るひと房の毛は濃い色だったが、それは経年変化で、もとは金髪であり、確かにアニエスのものだと同定された。

＊男装する「聖アマゾネス」

色白、丸い乳房、金髪、小さな口元は当時の美女の条件らしい。少なくともヴォルテールのテキストの想定読者にとってはそうだった。では、ジャンヌはどのように描写されているだろう。ジャンヌは、輝く黒髪、真っ白な歯と大きな口を持っていた。乳房は浅黒く岩のように固かった。村の旅籠屋の食堂で給仕女として働いていた。当然酔客たちから誘惑を受けることもある。聖ドニが白羽の矢を立てにやってきた時には、カバラに精通したフランシスコ会士と、ロバ曳きの二人がジャンヌの寝込みを襲おうと計画していた。つまりジャンヌは素朴な村娘だが、その生硬さは十分に男たちの関心を惹いていたわけだ。

聖ドニがジャンヌにその使命を告げた時、驚いた彼女はその大きな口をさらに大きくぽかんとあけた。はじめは聖ドニが何を言っているのかも分からず、ギリシア語かと思ったほどだった。ところが、そこに恩寵が下ったおかげで、ジャンヌはことの次第を理解し、つつましい乙女は気高いヒロインに変身する。聖ドニとジャンヌがいっしょに教会に行くと、祭壇の上方に甲冑が現れる。若きダヴィデが巨人ゴリアテを倒した小石や、アッシリアの将軍の首を切ったユディットの小刀など伝説の武器も見つかった。極めつきは、美しい灰色の毛並みで高らかに鳴き跳ねまわるロバだ。輝く金の防具と馬具をつけていて、背にはペガサスのような翼が生えていた。ジャンヌと聖ドニはトゥールへ飛び、フランスの勝利を祈ってワインの杯を傾ける。

しかし、王太子のもとに行くにはイギリス軍の野営地を通らなければならない。二人は、高名な戦士ジョン・チャンドスのテントに忍び込む。前述したようにジョン・チャンドスはジャンヌよりも半世紀以上前に生きた戦士で、アニエス・ソレル同様にヴォルテールが時代を無視して自由に配したものだ。物語中、この伝説的英雄とアニエスとジャンヌは男と女として複雑に絡み合うことになる。

この時にジャンヌがさっさと敵将の寝首をかいていればことは簡単だったかもしれないが、ジャンヌは「寝ている人を殺したくない」という騎士道精神から手を触れなかった。チャンドスのそばには一四歳の美しい小姓が眠っていた。ジャンヌは美しい尻を出して眠る小姓の腰にフランス王のシンボルである百合の花を三輪描いた。そして、チャンドスの剣と乗馬ズボンを奪って身に付けた。

オルレアン解放の英雄ジャンヌ・ダルクの有名な男装は、敵の名将のズボンを奪うことによって完成したというわけである。ヴォルテールは男装（＝軍装）したジャンヌを「聖アマゾネス」と形容している。

力の移譲を伴う呪術的な異装の倒錯は、その後の話の展開の中でも大きな意味を持つ。百合を描かれた小姓も重要な狂言回しである。「男装」の反対側にあるのは「女装」ではない。ジャンヌの男装を可能にしたのは、軍装を奪われた男たちの「裸」だったのだ。

翌朝、乗馬ズボンが消えていることに気付いたチャンドスは驚き、傍らの小姓の裸の腰に百合の花が描かれているのを見つけて、悪魔がやってきたに違いないと確信する。裸になった戦士と裸に百合の絵を背負わされた小姓にとっては、聖人と聖女の通過は悪魔の仕業にほかならなかったのである。

＊ジャンヌとアニエスの冒険

ジャンヌはイギリス軍の名将ジョン・チャンドスの乗馬ズボンで軍装して、シャルル王太子のもとに向かった。敵から奪った剣と服を身につけることには、類推呪術のように力やオーラを得る効果がある。そのあと最初に会ったフランス軍の隊長が、これは史実通り、ボードリクールだった。ヴォルテールは彼が敬虔なカトリックで女にたぶらかされたことのないことが強みであると語っている。

ボードリクールは、アニエス・ソレルとの恋に呆けている王太子を諫め、どうせ女の意のままにされるなら、フランスのために戦う女についていくようにと鼓舞した。王太子はジャンヌが処女であるかどうかを確認し、自分が昨夜愛する女に何をしたかを質問した。ジャンヌが「何も」と答えると、奇跡だと叫んだ王太子はひざまずいて十字を切り、彼女に従って出陣することを決心したのだった。

実際にはそれからジャンヌはポワティエに送られて神学的審査を受けるのだが、ヴォルテールの韻文活劇の中では、一同が盛り上がって城を出ることになっている。その時、王の寝室では何も知らない恋人アニエスが朝寝をむさぼっていた。

目が覚めて愛する王太子の出陣を知ったアニエスは、悲しみのあまり息絶えそうになる。彼女にとっては、王を説得したのは隊長ボードリクールでもフランスの守護聖人聖ドニでもなく、ライバルである一人の娘なのだ。アニエスは当然ジャンヌの風采を耳にし、彼女が男装の戦士として軍を率いていることを知っていた。アニエスは、ジャンヌの装束に負けたのである。肉体の美醜の戦いではない。体が装備に負けたのだ。

一同の後を追いかけたアニエスは、ジャンヌの宿舎に忍び込む。そこで彼女が見たのは、脱ぎ捨てられた軍装だった。のちの復権裁判の時に、ジャンヌと行動を共にした男たちは、野営する時には彼女は必ず一人か二人の女といっしょだったし、周りに男しかいない時は着衣のまま寝たと証言した。

たとえジャンヌと共に野営しても、全く欲望を覚えなかったという証言もある。戦友たちに対してジャンヌが男装による倒錯的な性的魅力を発揮していたのでないことはほぼ確かだ。

けれども、アニエスにとっては、ジャンヌの軍装こそが愛する王太子を自分から奪ったものなのだ。ここでヴォルテールはフェティシズムを表に出す。

ジャンヌの甲冑を手にしたアニエスは、「私の愛する男は女戦士を欲している。彼のために兵士となっていっしょに戦うわ」と決意し、王太子の身替わりになって戦場で死んでもいいとまで思いつめるのだ。しかし、軍装はかよわいアニエスには重すぎる。甲冑につぶされて息切れしながらも馬の背にまたがるが、尻の皮が擦りむけてしまう。

途中で赤い服を着たイギリス軍の兵士に誰何《すいか》されたが、無知なアニエスはそれを王太子の兵士に違いないと思い、「私はアニエスよ、フランスと愛に万歳！」と答えて捕らえられ、敵将チャンドスの前に引き出される。軍装を剝がされた裸のアニエスがあわや餌食になるかというところで、フランス軍到来の警報があり、チャンドスは出陣する。アニエスはチャンドスのナイトガウンをはおって逃げ出すが、アニエスを主人だと勘違いしたチャンドスの小姓につかまってその庇護を受ける。その前にチャンドスの従軍司祭に襲われるというヴァージョンもある。

＊裸で戦うジャンヌ

一方、軍装をアニエスに奪われたジャンヌの方は、裸のままだ。しかし、修道院を襲って暴虐の限りを尽くすイギリス軍を蹴散らすために、フランス軍を連れて駆けつける。空飛ぶロバに乗って空から現れたジャンヌの裸に目を奪われたイギリス軍兵士が近づくと、彼女は神と聖ドニに加護を祈り、神の手でイギリス軍を容赦なく打ちのめした。そうして倒したイギリス軍の一人が、アニエスが奪ったジャンヌの甲冑を身に着けていた。ここで再び軍装を取り戻すのである。

その後も、ヴォルテールによる物語は、アニエスとジャンヌという二人の対照的なヒロインが「裸」と「軍装」との間を行きつ戻りつする。軍装の重みに打ちひしがれるアニエスは絶えず性的に翻弄されるが、ジャンヌの方は、たとえ裸で戦っても貞操を守るという、これも対照的な構図になっているのだ。

ヴォルテールがこの物語を書いた一八世紀は、カトリックの純潔意識はすでに「保守的な家庭内」のみに縮小していて、リベルタンの自由な行動様式が広く行き亘っていた。また、ロココ時代でのフランス宮廷内では、男と女の装飾の差が極端に少なくなっていた。男たちもかつらをつけ化粧をするのが標準《デフォルト》であり、刺繡やリボンやフリルが贅沢に使われた衣装を身につけていた。女たちは、アニエス・ソレルが始めたといわれる胸と肩を大きく露出したローブ・デコルテによって性をアピールした。当時の舞踏の絵を見ても、化粧や衣装やアクセサリーの意匠に男女差はほとんどなく、唯一の違いは女性がウエストをきつくしぼって胸と腰の豊かさを強調していることである。

実際にジャンヌ・ダルクが生きた中世末期ではそうではなかった。中世においては、女性の肉体以前に華美な装いが誘惑的なものであるとされた。カトリック神学を大成したトマス・アクィナスは、服装が悪徳の源となると『神学大全』で述べている。身なりで男を挑発する女性は罪の状態にある。化粧もアクセサリーも、夫の前以外ではすべて、地獄に通じる扉である。神によって創造された自然の肉体を修正する行為は不敬だったのだ。

もちろん服装規定《ドレスコード》は社会秩序に必要である。貴族や法官や聖職者はそれらしく装わねばならないし、若い娘はより慎ましくなくてはならない。しかし、男装は社会秩序を脅かすものとしては禁じられていたが、華美な装いほど絶対的に拒否されていたわけではなかった。女性にとって、それが裸を隠す唯一の選択であったり、危険地帯の旅などで貞操を守るための手段であるならば許されたのだ。

中世に広く流布していた『黄金伝説』などに見られる聖女伝では、多くの処女たちが純潔を神に捧げることを誓い、結婚を断固拒否して死を選んだり殺されたりしている。カトリック一色であった中世にはすでにそのような形での「殉教」はなかったが、結婚を拒んで修道女として生きる道を選んだ聖女たちがいる。六世紀から七世紀にかけてのビザンチンのキリスト教世界での聖女たちがその先駆者だ。修道生活や隠遁生活は基本的に男性のもので女性には禁じられていたので、彼女たちの中には髪を切り名を変えて男性として生涯を貫いた者もいた。つまり聖女たちにとって、男装は殉教のヴァリエーションとみなされたのである。

中世には女子修道院が設立されて、結婚はしないが持参金を持たされてやってくる貴族の娘たちの受け皿にもなっていた。しかしそこは外部から隔離された禁域であった。家族の庇護の下に実家で奉献処女として生きることを許され、公の活動の足跡を残していたのは、シエナの聖女カタリナのような少数の聖女だけだ。女子修道会が訪問看護や福祉の活動をする存在になったのは一七世紀以降のことである。

＊ジャンヌの男装と集団幻想

ジャンヌが最初に、神から遣わされた処女であるかどうかの神学的な審査を受けた時にも、当然その男装は問題になった。男女の異装を明らかに禁じているのは『旧約聖書』の「申命記二二－五」にある「女は男の着物を身につけてはならない。男は女の着物を着てはならない。このようなことをする者をすべて、あなたの神、主はいとわれる」という箇所である。ポワティエの神学者たちは、彼女は神が下した使命を遂行するために男たちと暮らさねばならないのだから、男装の「必然性」があると判断した。ソルボンヌのジェルソンは、旧約の律法のすべてが新約に継承されたわけではないことを明らかにして、女性の男装の条件として、「必然性、有用性、目上の者からの例外的な許可」という三つを規定した。戦場に赴くジャンヌにとっては軍装は「必要なもの」であったし、処女性を守るために「有用なもの」であったし、神のお告げによるという最高権威者から「許可」されたものだから、このすべての条件をクリアしていた。

ではその二年後に、男装が異端だとして弾劾されたのはどうしてだろう。もちろんそれ以前にもジャンヌの軍装を批判する者たちはいた。彼らはトマス・アクィナスが、必要に迫られた男装を例外的に許可していることとは別に、女性に男性の活動、特に戦争への参加が禁じられていることを批判の論拠としたのだ。

実際、オルレアン解放の勝利以来、ジャンヌは恒常的に男装していた。しかも身分の高い騎士の着衣である。シャルル七世となる王太子に会うために初めてシノン城にやってきた時のような粗末な黒い布の男服ではない。だとしたら、ポワティエにおける審査で軍装が認められた根拠は確かに揺らいでくる。ジャンヌは戦場にいる時だけでなく平時にも男装していたのだし、「騎士」という男の身分の記号を身につけていたからである。それは、「神のお告げ」の範囲を逸脱すると見なされた。

ジャンヌが神から託された使命は四つあったと言われる。オルレアンの解放、王太子のランスでの戴冠、長年イギリスで人質となっていたオルレアン公シャルルの解放、パリの奪還である。このうちジャンヌが達成したのは最初の二つだけで、パリ奪還は失敗しただけでなく傷を負った。戴冠後のシャルル七世は、戦闘を一時停止して外交戦略に転向し、いつまでも血気にはやるジャンヌを見捨てた。不可能と思われていたオルレアン奪還とランスでの戴冠を実現した後は、ジャンヌが、その兄たちの騎士の身分獲得に満足して、「非常時」の軍装を解いて普通の娘に戻ってくれればというのがシャルル七世の本音だっただろう。

ところが、ジャンヌはビザンチンの聖女たちと同じく、一生を男の姿で過ごす意気込みだった。それは彼女の理想の殉教の形だったのかもしれない。ジャンヌは女の姿で敵を油断させて討ち取る果敢なヒロインでも、男を必要としないアマゾネスの女傑でも、戦場で貞操を守るために男装する娘でもなかった。むしろ、性転換をして男性として生きるのをめざす性同一性障害の女性のように、「戦う騎士」として堂々と敵味方から認知されることを求めた特異な存在だったのだ。

後世の人々はジャンヌ神話を紡いでいくうちに、それを鋭く感知した。集団幻想の中で彼女の軍装はますます華美になり、きらめく兜からブロンドの髪の房がはみ出して流れるようになった。伝説の甲冑を身にまとい男にメタモルフォーゼした娘の倒錯的な美しさに人々は素直に酔いしれたのである。

啓蒙の世紀はそのようなオブジェとしてのジャンヌ像がピークに達した時かも知れない。ヴォルテールの描くジャンヌ・ダルクは、彼女の後を追って男装して運命に翻弄される妖艶なアニエス・ソレルを分身として、「裸」と「軍装」との間を行きつ戻りつしながら果敢に戦うのだ。ヴォルテールの次の世紀には、ジャンヌは不可侵の聖なる存在になった。ヴォルテールの描いたジャンヌとアニエスは、革命の先頭に立つ共和国のシンボルであるマリアンヌの姿に収斂していったのかもしれない。武器と旗を掲げ、大きく裸の胸をはだけたドラクロワの「民衆を導く自由の女神」を見ると、そう思う。

*「追い出された」ジャンヌ

では、史実に現れる実際のジャンヌ・ダルクは、「軍人」としてどのような評価をもたれているのだろう。そしてその評価においてジェンダーのバイアスはどのようにかかっているのだろう。

それを考える前に、ここでもう一人のジャンヌについて手短に語っておこう。

ジャンヌ・ダルクが「軍人として優れていた」という言説は百年戦争が終結しジャンヌの異端からの復権も終わった一五世紀の末ごろに現れた。前述した古代からの九女傑に続く一〇番目の女勇士であり、王党派全軍の隊長だったというものだ。イギリスとの戦争は終結していたものの、フランス王は国内統一のために戦闘を続けていた。そのひとつが北西部のブルターニュ公国との争いである。

統合のために利用されたのは公女アンヌ・ド・ブルターニュだ。一四七七年にフランスの敵である神聖ローマ帝国のマキシミリアン一世と一一歳で結婚させられていたアンヌは、一四九一年にはフランスのシャルル八世と結婚してフランス王妃となった。七年後にシャルル八世が死んだ時は、後を継いだルイ一二世と結婚した。ルイ一二世となったオルレアン公は、シャルル八世の姉ジャンヌと結婚していたのだが、アンヌと結婚するために離婚した。シャルル八世に世継ぎがない時にアンヌがシャルル八世の継承者と再婚することは最初からの条件だったからだ。このような政治的な離婚や再婚の度に、事前や事後に、ローマ教皇に前の結婚を無効にしてもらうための手続きが行なわれた。次の世紀にイギリス王が離婚と再婚によってローマ教会から破門されたことをきっかけに国教会を作ってしまった時代とは、まだ違う。

ともかく、一五世紀の末にアンヌ・ド・ブルターニュが二人のフランス王と結婚したことによってブルターニュはめでたくフランスに統合された。この時期のフランス王の居城には、ジャンヌ・ダルクとアニエス・ソレルとアンヌ・ド・ブルターニュの名を冠した部屋などが残っていてそれぞれの肖像画などで飾られた。軍人と愛人と王妃がフランス統合の世紀を代表したわけである。

実の弟の未亡人だったアンヌによってルイ一二世に離婚されて追い出されたジャンヌ（婚姻無効の裁判で抵抗したが認められなかった）は、修道女となり、フランシスコ会の系列で聖母マリアに捧げるアノンシアード女子修道会を設立した。そもそも、彼女のジャンヌという名は、父であるルイ一一世が、当時すでに「復権」されていた救国の乙女ジャンヌ・ダルクにちなんでつけたものだった。ジャンヌ・ダルクと同様に時の政治と教会に翻弄されたこのジャンヌは、しかし、その宗教活動の功績によって、一七四二年に、ジャンヌ・ダルクよりも一五〇年以上も早く福女の列に加えられた。さらに、ジャンヌ・ダルクが一九〇九年に福女となり二〇年に聖女となった後で、一九五〇年に聖女ジャンヌ・ド・フランスとなったのである。彼女の設立した修道会は今でもベルギーやコスタリカを含めて七ヵ所に存在する。

ジャンヌ・ド・フランスは、ジャンヌ・ダルクに説き伏せられてランスで戴冠したシャルル七世の孫娘に当たる。ジャンヌ・ダルクが解放したオルレアンの町の領主と結婚したのに離婚させられた。二人の聖女の運命には、時代が強要したジェンダーの影が重くのしかかっている。

＊二人の戦友

ジャンヌ・ド・フランスを追い出して、ルイ一二世となるオルレアン公と結婚したアンヌ・ド・ブルターニュは、ジャンヌ・ダルクの甲冑を聖遺物のごとくに大事に保管していた。ジャンヌ・ダルクがいなければ、フランス王妃としての自分もいない。夫の父は、一四一五年のアザンクールの戦いでイギリスに捕虜になって一四四〇年までをイギリスで過ごしたオルレアン公である。その、領主の不在のオルレアンがイギリス軍に囲まれた時に、「オルレアン公の庶子」と呼ばれるデュノワと共にオルレアンを解放したのがジャンヌ・ダルクだったのだ。ジャンヌはあらゆる意味で、英雄だった。

とはいえ、ジャンヌが実際に戦っていた頃の同時代の年代記作者の評価は若干ニュアンスが異なる。騎手としての能力、遠征に耐える体力などについては一致して高く評されていたが、初期においてジャンヌには軍事的な「責任」はほとんど付与されていなかった。意気高いジャンヌがオルレアンの解放軍に加わったのは、あくまでも戦場のマスコット、神の加護のシンボルとしてであった。

オルレアンでは、サン・タントワーヌ防塞を作る時の戦いにおいて、イギリスの司令官サリスベリーが、砲弾に当たって戦死している。北側の道はアルマニャック軍が封鎖していて、ジャンヌのやってくる前の一四二九年の二月には英仏どちらもいわば兵糧攻め状態になっていた。イギリス軍に向けたパリからの食糧補給隊をはさみうちで襲おうとしたフランス軍は弩《いしゆみ》隊にやられて退去したが兵糧は散乱したからである（ニシンの戦い）。そもそもオルレアンを包囲して以来七ヵ月もの間、攻め入ることができなかったこと自体が、イギリスの敗因と言ってもいい。オルレアンの「解放」は決して奇跡的なものではなく、最後のひと押しを待っていたのだ。

けれども、ジャンヌは、自分こそがオルレアン解放戦の指揮者であると最初から勘違いしていた。実際にフランス軍を指揮していたのは囚われのオルレアン公の異母弟に当たるジャン・ド・デュノワである。ジャンヌと会った当時はまだ二七歳ながら、すでに歴戦の勇士だった。

その彼のもとにやってきた一七歳のジャンヌが発した第一声は「あなたがオルレアンの庶子（この通称は、オルレアン解放以降は使われなくなった）ね」という直截なもので、「いかにも……」と答えたデュノワにジャンヌはさらにたたみかけた。

「私にイギリス軍がいるところにまっすぐ行かないようにとアドヴァイスしたのはあなたなの？」
「私と他の者、最も賢明な者たちだ。」
「私たちの主である神のアドヴァイスはあなたのアドヴァイスよりも賢明で確かよ。あなたは私が間違っていると思ったんでしょうけれど、間違っているのは、あなたよ。」

恐るべき「上から目線」の態度であるが、このように、しかるべき挨拶も抜きであからさまに叱責されたデュノワは、怒りに駆られるどころか、心を動かされた。緊迫した戦場の非日常的な空気に、神がかりの少女の発する強烈なオーラが一瞬スパークしたのを見たのかもしれない。

シャルル七世のフランス回復に忠実に貢献し、侍従長になり公子の称号も得て「庶子」ではなくなったデュノワは一四五六年の復権裁判で、二七年前をふりかえってジャンヌへの感嘆の思いを証言した。

ジャンヌが最も親しくしたもう一人の貴族戦士はアランソン公ジャン二世である。彼はさらに若く、オルレアン功防戦ではジャンヌと三歳違いの弱冠二〇歳だった。ジャンヌは彼のことを「大公さん、大公ちゃん（gentil duc, beau duc）」と呼んでいた。ジャンヌが大公と出会ったのはシャルル七世と同じシノンであり、ジャンヌはヴァロワ＝アランソン家の大公が王の血筋であることを喜んでいた。オルレアンからロワール河畔に退却したイギリス軍をさらに追撃する戦いで、アランソン公はジャンヌを本格的に参謀としてそばに置いて意見を聞いた。ジャルジョーの攻囲戦では、ジャンヌがアランソン公に、そこにいては敵の弾に撃たれて死ぬから移動するようにと言い、そのすぐ後で、ちょうどその場所で一人の騎士が戦死した。ジャンヌの「予言」が的中したのだ。ジャンヌとアランソンはジャルジョーとパテイで勝利をおさめた。シャルル七世をランスに伴って戴冠させたが、パリ戦では傷ついたジャンヌと共に敗退した。

アランソン公も、ジャンヌの復権裁判で証言台に立ち、ジャンヌが軍隊でとびかっていた罵詈呪詛や娼婦の従軍を嫌悪していたこと、軍事における慧眼と予測においては二〇年も三〇年も戦歴のある隊長に劣らずその任にふさわしかったこと、敬虔で貞淑な性格、すばらしく美しい胸に言及した。その胸は、他の兵士と共に藁の上で寝た時に何度か目撃したが、肉欲はまったくそそられなかったという。ジャンヌは生身の女ではなく、死と隣り合わせの戦場における超常的なパワーだと認識されていた。

＊女預言者への期待

ジャンヌは後世、カトリック教会から与えられた「聖女」という称号ゆえにさまざまな社会の思惑に翻弄されることになったわけだが、生きた時代においては、「聖女」ではなく、「女預言者」であることを自他ともに許して登場したと思われる。

そもそも、古代のギリシア・ローマなどの「女預言者」の伝統は、キリスト教に取り込まれて、イエス・キリストの到来を告げたことにされてきた（だからこそシエナの大聖堂やシスティナ礼拝堂の天井画にもユダヤの預言者と並んで堂々と描かれているわけだ）。デルフォイの神巫《いちこ》は受肉と茨の冠を予言したし、クーマの巫女は馬小屋での誕生を、ペルシアの巫女は受肉と十字架刑を予言した。

古代の女預言者には二種類あって神殿に常駐して神託を受ける若い処女は、トランス状態でも神託の内容は明快である。キリストの母マリアも幼い頃は神殿に仕えていたことになっている。

もう一つは、独立した流浪の預言者だ。憑依状態で一人称で語り、内容の解釈が必要である場合が多い。このタイプはむしろ老女がイメージされた。共通点は、性的存在でないということで、未亡人というヴァージョンもある。

この伝統を受け継ぎ、中世のカトリック世界では、預言者であり後に聖女にもなり、王や教皇に意見する大物女性が出た。代表的なのはドイツのビンゲンのヒルデガルトや、スウェーデンの王妃ブリギッタなどで、前者は修道女で高齢になってから精力的に活動している。彼女らは特権階級のインテリで影響力もあり、後者は未亡人となってから王や教皇に膨大な書簡を書き送り続けた。イタリアにはシエナの聖カタリナがいる。

中世の初めには教会組織が強固になって「司教」以外の「預言者」の影は薄かったのだが一二世紀にコーランが翻訳されて以来、真の預言者と偽預言者を区別する論議が始まった。教皇エウゲニウス三世（在位一一四五―一一五三）がヒルデガルトの預言を公認してからは権力者のアドヴァイザーとしての女預言者の道が開かれた。

神学的には、「ペトロ型預言」が教会内部のもので、啓示の解釈によってなされるが、キリストの到来が荒野の隠者だった洗礼者ヨハネに託されたように、「洗礼者ヨハネ型預言」は夢や天使のお告げを受けた在野の人間が語る。

男は聖職者となって「ペトロ型預言」を実践できるから、「洗礼者ヨハネ型預言」枠を活用するのは、当然女性が多かったわけである。イタリアなどは、政争におけるパワーゲームで女預言者が利用された。ルネサンスにおける占星術師の登用と似ている。

ところが、フランスにはなぜかこのタイプの女預言者が出ていない。フランスにいたのは、口承の泡沫預言者だ。それは歴代の王が神から直接特権を与えられた存在だと見なされていたことと無縁ではないだろう。しかし王がしかるべき女預言者を謁見するという伝統はあった。一三世紀に、毒殺容疑の有罪判定のためにベギン会の女預言者の判断を仰いだという記録もある。

戦乱が広がりペストが蔓延した一四世紀後半から一五世紀初めにかけての社会の不安感は半端なも

のではなかった。複数の教皇が立つという教会大分裂さえ起こり、人々は神の怒りと世界の終わりを恐れていた。当時教皇庁と伍する権威を誇っていたパリ大学の神学部は、「フランスの危機」状況の中で「預言者」に期待することを否定していなかった。一四一三年には、王国の不幸を癒すために「まっとうな生き方をして預言の能力のある信仰篤い人々は自己申告するように」と呼びかけたほどで、「救国の女預言者」の登場の余地がついに生まれたのである。

辺境のヴォークルールの守備隊長ロベール・ド・ボードリクールの前に一人の少女が登場したのは、まさにそんな時だったのだ。

＊少女戦士のピュアな肉体

同じく復権裁判で記録された戦場のジャンヌ・ダルクの日常についての証言で有名な一節がある。彼女が「自然の必要のために馬を降りることは決してなかった」というものだ。しかもジャンヌは、「朝から晩まで、甲冑を着けたまま、飲むことも食べることもせずに馬に乗っていた」らしい。つまり、一日中、トイレタイムも食事時間もなしに休むことなく駆け回っていたわけであり、汗すらかかなかったと言われている。

そこに見えてくるのは、拒食症者の過活動状態だ。「過活動性拒食症」（ＡＢＡ）、あるいは、「準飢餓状態が引き起こす過活動」（ＳＨ）と呼ばれ、若い女性の拒食症の患者の間で肉体的活動が一般的に過剰になるものだ。食事をしないという身体の危機に瀕して生きるために脳内でエンドルフィンが出て、活動することでさらにランナーズ・ハイのようにエンドルフィンが追加される状態だろうか。

戦場の兵士というものはそれでなくともアドレナリン全開状態で恐怖が克服されていると思われるが、一七歳の少女はそれに加えて拒食症による躁状態だったのかもしれない。

ジャンヌが口にするものは、水とワインと魚だった。魚はイエス・キリストのシンボルであるし、ワインも聖餐におけるキリストの血として選ばれた飲み物だ。オルレアンでのジャンヌの夕食のメニューは、水割りワインにパンを浸したものだった。肉は口にしなかったらしく、唯一証言されているのは、子牛肉を拒絶したというエピソードだけだ。兵士たちにも、酪農家に対価を支払わない肉は口にしてはならないと命じている。不道徳な入手をした食物はそれを受け取る者の良心を汚すという基本があり、女性は食物の調達について責任があるという伝統もあった。

ジャンヌが頻繁に求めた唯一の「肉」はキリストの体である聖体パン《ホスチア》（水と小麦粉だけの薄い無酵母パン）で、それだけは当時の慣習をはるかに超えて拝領していた。聖体パンの物質としての軽さ、象徴としての清らかさ、比喩としての濃縮さは、拒食症の少女戦士にとって依存症をもたらすほどに強烈な力をもっていたのだろう。一二一二年から一般信者の聖体拝領は年一回の復活祭の時というのが標準だった。特に信仰篤い人でも年四〜七回、ベネディクト会の修道士の毎日の拝領は例外だった。頻繁な聖体拝領を求めるのは圧倒的に女性が多く、神学者たちの意見は、頻度が多くなると神に対するリスペクトを欠くようになって望ましくないというのが一般的だったが、ソルボンヌのジェルソンなどは、毎週の主日のミサにおける聖体拝領はよしとしていた。

ジャンヌは、オルレアンでの戦いから逮捕されるまでの時期は、週二回の聖体拝領をしていた例外だ。一四二九年の八月、サンリスで待機していた時はアランソン公と共に二日続けて聖体拝領をしていたという「証言」も残っている。

常に死の危険と共にある戦場での例外という他に、聖体拝領は公的なアクションであるから、その人が「神の側」にあるという印象を広く与える効果もあり、体を清めるという印象もある。断食しているだけ、処女であるだけでは、たとえ特別のパワーを発揮したとしても「悪魔の手先」という可能性が残る。処女性や拒食をピュアで神聖なものにするには、「聖体パン」のみで生きるというパフォーマンスが必要だったし、実際にそのようなモデルとなる「聖なる女たち」の伝説は中世カトリック世界に事欠かない。

＊聖女たちの禁忌と自由

同時代に改革クラリス会を広めたコルビーの聖女コレットなどは、ある年に毎日聖体拝領をしていたという証言が残っている。コレットは、少女のころから、世相の影響を受けて、「終末の日は近い、悔い改めよ」というタイプの説教を公共の場でして回るような「預言者」だった。やがてベネディクト会修道院の付属の独房の中に禁固隠遁するという過激な苦行に入ったが、後にクラリス会改革の使命を得てヨーロッパ中を旅した。禁固修道女《ルクリューズ》であった時代には、無漂白パンと水煮の野菜、小麦粉のスープというような質素な食事で過激な祈りや鞭打ちの日課を守り、復活祭前の四旬節《カレム》の期間は水のみの完全な断食に入って聖痕《スティグマ》を受けた。禁固型隠遁には妄想などさまざまな拘禁反応が出やすい。そのような危険に対する最大の楯は断食だと言われていたのだが、コレットたちを見ている限り、食を断つことは、むしろ精神の過激さや攻撃性の増大につながっている。毎日の聖体拝領がそれをさらに増幅させる。断食とセットになった聖体拝領は生命力を輝かせるのである。

一世紀前のシエナの聖女カタリナも過激な断食で有名だ。やはり幼い頃から、肉食を断ち、隠遁を夢見、神に処女奉献を誓った。ドミニコ会の在俗修道女というステイタスを得てからは、日に三回の鞭打ち、極端な少食、二日に三〇分と言われる睡眠などの苦行を経て、聖体を拝領するたびにトランス状態に入った。

二四歳以後は、聖体以外に食べ物も飲み物も受けつけなくなったと言われている。そのような拒食症状態であったのに、過活動ともいえる精力的な行動で、献身的に病人や死刑囚の世話をしたり、アヴィニョンに住む教皇をローマに戻すための使命を帯びて旅したりするなど、コレットやジャンヌと同様、歴史に名を刻む公の足跡を残している。

中世だけではなく、カトリック世界の聖女と言われる人々の中には、生涯純潔のまま聖体だけで生きる拒食症ケースは、今に至るまで少なくない。一九八一年に死んだフランスの福女候補マルト・ロバンは、五一年間も、聖体拝領以外に飲み食いしなかった。口は渇き腸ははりつき、視力も失って暗闇の中で過ごしたが、聖体だけは不思議に嚥下《えんげ》されたという。多くの名士がマルトのもとを訪れ、彼女の名を冠する「愛の家」と呼ばれる黙想の家が世界中に創設されたので、マルトもまた、国境を越える社会的存在だったわけだ。

実際に、これらの聖女たちが社会的活動を成就するには、当然ながら男たちの協力が必要だった。

そして、男たちを説得し、畏怖させ、忠誠を誓わせたのは、聖女たちの純潔のオーラに他ならなかった。

純潔という性的禁忌の他に拒食の禁忌を加えることは、必ずしも「不自由」と同義ではなかった。なぜなら、いつの時代でも「自分の体」こそが、女たちが自ら自由を行使できるフィールドであったからだ。そのためには、まず、「性的な体」を封印する必要があった。禁欲的なストア哲学的世界で発展したキリスト教には、性的なものへの禁忌が少なくないし、性的対象としての女性は人間（＝男）を堕落させる「誘惑者」であり、悪魔の手先だった。

その「誘惑者」を管理する方法は、子孫や姻戚を産み出す「財」として父から夫へと移譲していくか、修道院に封じ込めることで世俗から神へと移譲するかが普通だった。

そのような「性的な財」であるか、神への供物であるかの体以外に、女たちが自分の体を社会的に所有する道の一つが、摂食異常によって自らを変革することだったのだ。無数の「聖女伝」がそのモデルを提供していた。

その結果、思春期における性徴発現以前に神に処女を私的に奉献してしまうことで、父親や未来の夫にとっての「財」としての価値が無に帰すという現象が生まれる。それを強固にする手段の一つが拒食だと言えるだろう。拒食による病的痩せは、女性の体つきを変えるばかりか、生理が始まらなくなったり止まったりという症状を引き起こす。特に多くの文化における「聖」の感性の中で「血」は不浄と結びつく。生理がないということは「男のために子孫を提供する」という「財」としての道を断つばかりではなく、「清らかさ」の保証なのである。

ジャンヌ・ダルクには生理がなかった。生理による出血どころか、汗も尿も、ないか極端に少なかったのである。その代わりに惜しみなく流した生理的な液体が「涙」だった。ジャンヌは自分の運命についても一度涙を流し、戦場で敵味方の区別なく多くの死者や負傷者を前にして泣いた。フランスの過酷な運命について天使から知らされた時も頬を濡らし、自分の死地になるだろうルーアンの運命を思い涙を流した。祈っては泣き、告解しては泣き、聖体を拝んでは泣き、拝領しては泣いた。ランスに向かうのをためらう王太子シャルルを説得するために泣いた。

財としての女であることから自由になって自分の体の主人であったジャンヌにとっては、涙は、弱さと同義ではない。彼女の体から流れる液体のうちで、清らかさと力とを象徴するものだったのだ。イエスは、甦生させる力があったにも拘らず、友人ラザロの死を知らされた時に泣いたし、復活することを知りながら、逮捕される前の夜に独り涙を流した。そのイエスが、「今泣いている人々は幸いである（ルカ六－二一）」と言っていたことをジャンヌは知っていた。

＊ル・マンの乙女

自分の肉体の主人として社会的に存在したいという女たちがいかに拒食して苦行を課そうとしても、それがいつも輝かしい「聖女伝」のヒロインの誕生につながったわけでないことはもちろんだ。

ジャンヌ・ダルクの後に現れた「ル・マンの乙女《ピュセル》」の場合を見てみよう。

ラヴァルの近くの職人の娘ジャンヌ・マリーは、百年戦争が終結して間もない一四六〇年の末に歴史に登場した。当時二〇歳ほどのこの娘も幼い頃から信仰篤かった。癲癇発作の後、ル・マンで悪魔祓いを受け、さまざまなお告げを口にするようになった。毎日告解し、飲み食いせずに聖体拝領だけで生きていた。ル・マンの人々は改心を呼びかけるこの娘のカリスマ性に圧倒され、「ル・マンの乙女」と呼び、過去の罪を司祭に次々と懺悔したという。ところが彼女は、シャルル七世に減税を訴えるという政治的お告げを発したことで捕らえられ、トゥール大司教と宮廷の取り調べを受けた。一四六一年五月、彼女は政治的に利用された偽預言者であるとしてさらされた後、水とパンだけで七年間禁固された。出獄した後は娼家を経営して生きたという。

ジャンヌ・ダルク以前に出た群小女預言者たちの中にも減税を唱える者はいたが、影響力が少なく、「ル・マンの乙女」のように弾劾されはしなかった。逆に、ジャンヌ・ダルクでさえも、もし王太子やポワティエの神学者たちに受けいれられていなければ、ただの偽預言者として抹殺されていたかもしれない。ジャンヌの死後にイギリス軍がフランスから撤退した後、「シャルル七世こそ聖ルイ王を継いで人心を一新する真の皇帝である」とした過去の女預言者たちの泡沫予言をまとめて王に奉じた者も出た。シャルル七世がジャンヌの復権裁判に着手したのは、最大の預言者ジャンヌを自らのオーラにもう一度取り込む「だめ押し」だったともいえる。

混乱の時代にこそ、神の声とみ旨を伝えて権威の正統性を保証してくれる預言者が王たちに必要とされるのだ。預言を制するものが時代を制する。フランス存続の危機の時代を生き抜いたシャルル七世にとっては、拒食によって性を超越し、聖体拝領と純潔によって清らかさと力とを体現した少女預言者ジャンヌ・ダルクは、まさに、神を味方につける最大の同盟者だった。

だからこそ、シャルル七世は、「ル・マンの乙女」をも黙殺するわけにはいかなかったのだ。預言者を仕分けし、その「真偽」の黒白をはっきりさせることこそが、シャルル七世にとっては安定した権威を次の世代に伝えるための義務であり責任だったわけだ。「ル・マンの乙女」を弾劾した二ヵ月後、シャルル七世は死に、フランスの「お告げの乙女たち」の時代もまた終焉を迎えたのである。

＊フランス王のカリスマ

ジャンヌ・ダルクは単に神秘熱に駆られたシャーマンであったというわけではない。ジャンヌが戦闘の中で軍を司令することを実地に学んでいったことは間違いがないだろう。彼女の猛烈さがイギリス軍をおびえさせたことも確かである。けれども、ジャンヌは百年戦争を終結させたわけではない。ジャンヌの死後四年経った一四三五年にシャルル七世はブルゴーニュ公とアラスの条約で和解し、翌年平和裏にパリに入城した。イギリス国内での政情不安やノルマンディ人の不満もシャルル七世に幸いして、一四五〇年にはノルマンディの領土をすべて回復した。敵に囲まれたジャンヌ・ダルクの死地となったルーアンは火刑後一八年を経た一四四九年、フランス領となった。イギリスに占領されてから三〇年の月日が経っていた。一二世紀のアキテーヌ公妃アリエノール以来のイギリス領だったギュイエンヌを奪うには、一四五〇年と五三年のさらなる二度の戦いが必要だった。

一四五三年、ヘンリー六世は、«Nemo plus juris ad alium transferre potest quam ipse habet»（自分が持っていない権利を相続させることはできない）というフランク族以来のサリカ法典に従ってフランス王位を捨てた。彼の母であるヴァロワのカトリーヌには、王位継承権がなかったからである。

もっとも、民衆にとっては一四二九年のランスの大聖堂での戴冠式が知られてからは、シャルル七世こそ、真のフランス王であった。

支配者が真に支配するには、「権力」だけではどうにもならない部分があり、「権威」が要請される。オルレアンやロワール岸の戦いで名を上げたジャンヌの女預言者としての「権威」はまず確定した。フランス王やフランス軍が単にこの女預言者をマスコットとしていつも携えているだけでも、彼らとしては「外交的解決を図る前の時間稼ぎ」としては充分であったかもしれない。けれども、ジャンヌが求めていたのは、神の使いとしての自分のカリスマではなく、フランス王のカリスマだった。そのためには、フランス王を神に選ばれたものとするランスの大聖堂での聖油式が絶対に必要だったのである（次章で詳述）。その手続きを遂行することはジャンヌにとって戦闘と同じく、いやそれ以上に本質的なことであった。ジャンヌは万難を排して王の一行をランスまで護衛した。

イギリス軍にはそのシンボリックな重要性が把握されていなかった。百年戦争のその時点では、ランスでの儀式はなんらの法的効力を持たないからである。けれども、ジャンヌ・ダルクにとっては、ランスでの聖油の塗布と戴冠を見届けることこそが、ある意味で彼女の究極の使命であった。それはそのまま、当時の民衆の信条を反映している。「注油された者」に与えられる聖なる力こそ、代々のフランス王を民衆とつなぐものだった。それまでの「王家同士の戦い」が、「民衆とつながるフランス王と、侵入者との戦い」へと、転化したのである。

ジャンヌがルーアンで火刑にされた同じ年の一二月、イギリス軍に守られたヘンリー六世はパリのノートル＝ダム聖堂でフランス王としての戴冠式を挙行した。けれどもその「聖なる意味」を取り戻すことはもうできなかった。少年王はその数週間後にフランスを出て、もう、二度と戻ってくることは、なかった。

シャルル七世の正統性を聖化する過程においてのジャンヌの功績は大きかった。神の声を聞いたジャンヌが神を味方につけたことこそ、彼女の最大にして最高の戦略であったと言える。その意味では、ジャンヌは神の名において百年戦争を終結させた最強の戦士だったのである。

＊大革命の女性戦士シャルロット・コルディ

フランス革命に続く混乱の時代に、武器を取って立ち上がったもう一人の女性がいた。

戦前のフランスで一世を風靡した子供のための歴史読み物に、ジャンヌ・ダルクと共に紹介されている数少ない女性の一人、シャルロット・コルディである。彼女は戦場に馬で乗り入れたわけではないが、ジャンヌ・ダルクが実際には誰も殺さなかったのに、シャルロットは革命後の内戦状態のフランスで武器をとって人を殺した。確信犯のテロリストである。

ラマルチーヌが『ジロンド党物語』の中で語ったシャルロットはただちに歴史上の人物になった。「浴槽のマラーのそばに立つシャルロット」という絵柄は、フランス中にいきわたった。現代に至るまで演劇やテレビドラマのテーマにもなっている「マラーの死」には必ずシャルロットの生と、殺人と、処刑のシーンが展開される。

フランス革命が起こる二一年前にノルマンディで生まれた地方の貧乏貴族の娘シャルロットはベネディクト会修道院内で教育を受け、モンテスキューやルソーを読んで啓蒙思想に親しんでいた。革命に対する彼女の思想は無神論的なものではなく、夭折をおそれないキリスト教の犠牲の精神や内的信仰を育んでいた。革命後の一七九〇年に革命政府により修道院が閉鎖、没収されて、シャルロットは実家に戻った。彼女は意志が強く、一度選択した信条は絶対に裏切ることなく、戦いもいとわず、たとえ一個連隊を任されたとしても立派に指揮しただろう、と言われていた。

シャルロットは貴族の家系という王党派の多い環境で革命憲法を擁護していたが、軟禁状態だったルイ一六世が逃亡してつかまってからは状況が変った。革命の流れは王権の廃止へと向かい、一七九二年八月一〇日には王が幽閉され、王党派、非宣誓聖職者らが虐殺されるという事件が起っ

ポール・ボードリィによる「マラー暗殺」

た。ジャコバン党議員のジャン＝ポール・マラーは『民衆の友』*l'Ami du peuple* 誌でその虐殺を賞賛した。革命の支持者であったもう一人の有名な女性オランプ・ド・グージュ（一七九一年に女性の人権宣言を起草した）は、「たとえ罪人の血であっても残虐さを持って多量に流されたものは革命を穢す」とコメントした。過激党派となったジャコバン党は国民公会で左翼を占めるようになり、一七九三年の一月、比較的穏健なジロンド党の助命嘆願に拘らず、ルイ一六世が処刑された。恐怖時代が始まったのだ。

ジロンド党はジャコバンの首領であるマラーを糾弾したが、ジャコバン党の画策によって、武装市民と国民軍による国民公会包囲（五月三一日、六月二日）を受けて地方への撤退を余儀なくされた。ノルマンディでシャルロット・コルディが、都落ちしたジロンド党員らによるマラーの弾劾を耳にしたのはこの時である。「違法には違法で対抗しなくてはならない」とシャルロットは思った。七月九日、彼女はジロンド党議員の紹介状を携えてノルマンディを出発し、一一日にパリに着いた。マラーが病気のために公会に顔を出していないことを知ったシャルロットは、一三日の朝、『民衆の友』の拠点を訪ねたが取り合ってもらえなかった。マラーに手紙を言付けたものの返事をもらえなかった彼女は、その日の夕方、マラーの自宅に馬車で乗りつけた。コルサージュの下には、その朝購入したナイフを隠していた。門番の制止も聞かずにマラーのアパルトマンに上っていったシャルロットは、次にマラーの妹から制されたが、女たちの争う声を聞いたマラーは彼女を浴室に通した。浴槽の上に板を渡して仕事をしていたマラーはノルマンディにいるジロンド党議員の動向についてシャルロットに質問し、彼女が挙げた名を書きとめると、「彼らはみなギロチンにかけられるだろう」と言った。それを聞いたシャルロットは胸元からナイフを出して、裸のマラーの胸に柄まで一気に深々と突き立てた。

すぐに逮捕されたシャルロットは、民衆に向けた手紙をあらかじめ用意して身につけていた。そこには、「いつも独立し、いつも市民である私には、義務だけが重要で他のすべてはどうでもいいことです。奴隷状態から解放されることだけを考えてください」、「もっとも弱い手であっても、自己犠牲に導かれてできることがあります。もし私がこの計画に失敗したとしても、フランス人よ、私は道を示したのです。今や誰が敵なのかおわかりでしょう。立ち上がってください。進んで、打ち倒してください」とあった。

監獄においても最後の手紙を書き残し、「私は無辜《むこ》の犠牲者のために復讐したのです。他の惨事を未然に防いだのです。いつの日か、目が覚めた民衆は、暴君から解放されたことを喜ぶでしょう」と述べた。

後に『フランス革命史』においてジャンヌ・ダルクを「民衆の聖女」と形容して近代史に送り出したミシュレは、シャルロットの処刑の模様を次のように書いている。

「シャルロット・コルディが荷馬車に乗せられたとき、群集は、怒りと賞賛という対極の二つのファンタスムに浮かされながら、コンシエルジュリの低いアーケードから赤い上衣に包まれた美しい輝くような犠牲者を見た。自然が人間の情念に合わせたかのように、パリを激しい雨風が襲ったが、彼女がポン・ヌフに姿を現してサン＝トノレ通りをゆっくりと進むと、まるで彼女から逃げるかのように鎮まった。太陽が高く強く戻ってきた。まだ夕方七時前で、紅い布が陽に映えるさまは、彼女の顔色や両眼を不思議でこの世のものとは思えない具合に際立たせていた。」

緋色の上衣は殺人者の処刑衣だった。時の独裁者マラーを瞬殺したのがうら若い美しい娘であり、自己犠牲の疑いなき信念に貫かれたその表情の気高さの前に人々は動揺したに違いない。一〇日後に二五歳になる七月一七日のことだった。

同じ年の一一月、ジャコバン党の独裁を文書によって糾弾し続けていたオランプ・ド・グージュも、ジロンド党員たちに続いて処刑された。一貫して革命の理想を唱えてきた彼女はシャルロットよりも二〇歳も年上で、保身を図った実の息子からさえ裏切られた。

＊讃えられない戦う女たち

ジャンヌ・ダルクやシャルロット・コルディを聖女のように讃えたミシュレは、オランプ・ド・グージュのことについては、「娼婦でヒステリー女」だと形容した。若くして未亡人になってパリに出てきたオランプには信条を同じくする多くの男友達がいたからである。

戦う乙女だったジャンヌ・ダルク、独裁者を殺害したシャルロットという二人の若い女が死に臨む姿に「畏怖」を感じた男たちは、成熟した言論人であったオランプには冷たかった。奴隷解放と女性の権利のために戦った彼女は、国王や共和国への熱狂的な忠誠にかられたジャンヌやシャルロットのように、男たちに都合のいいシンボルには転化できなかったからである。

オランプ・ド・グージュが「一八世紀末のユマニスト」であると位置づけられ、いわば「復権」を遂げたのは第二次大戦後のことだった。その研究は主としてアメリカでなされ、「近代フェミニズムの先駆者」として高く評価されることになった。アングロ・サクソン国のフェミニズムが「男と互角に戦う」女性像を歴史に求めた時にはじめて、オランプはようやくジャンヌ・ダルクやシャルロット・コルディと並べてもらえるようになったのである。

フランスでオランプが広く称揚されるようになったのは一九八一年に社会党の大統領が生まれた後だった。オランプがアングロ・サクソンの国のフェミニストの手によって復権したのは、彼女の共同体主義的な女性への呼びかけが、女性の共闘を目指すアングロ・サクソン・フェミニズムの伝統に合致したからである。

オランプは、フランス革命の人権宣言の「人」が、「男」hommeであって「女」でないことに着目した。実際は、フランス革命の時点で「普遍的人権」を認められた「人」とは、「男」一般ですらなく、税金を納めたり国民軍に徴用される市民の義務を果たす「フランス人」でしかなかった。その時のフランスの「普遍主義」は、欺瞞的で不十分なものであったわけだが、それでもその時なりに自由・平等・友愛の理念に基づく「普遍的人権」を掲げ続けた。それは、最終的には奴隷や主人、外国人、男や女などをすべて区別しないで「キリストの体」に統合するというキリスト教の考え方にルーツを持つもので、男と女が共闘するその後のフレンチ・フェミニズムを促がすことになったのだ。

オランプは「女たちよ、今や私たちの間でも革命を為すときが来た。いつも分断され、社会から遮断されてきた女たちが自分たちの性を貶めて男たちの憐れみをかうというのはもうたくさんだ」と呼びかけた。女を男の支配から解放して、女同士で連帯することによって「敵」である男に立ち向かおうという考え方は、ジェンダーの異なるグループ間の闘争としてイメージされる。これに対してジャンヌ・ダルクやシャルロット・コルディは、戦場や革命という「男の社会」の中で、男たちを叱咤し、実力行使をかって出て、味方の男たちのヒロインとなった。男たちの中にいても「聖女」の幻想を与え続けることのできる「若い乙女」であったことも大きい。けれども彼女らは「敵の側にいる男たち」の憎悪や恐怖を、女であるがゆえにより激しく駆り立てたので、彼らの報復の犠牲になった。味方の「聖女」は、いつも、敵の「魔女」なのである。オランプは、聖女でも魔女でもなく、邪魔な女、不都合な女として切り捨てられた。

この三人の女に共通しているのは、彼女らを処刑したのが権力をもった男たちの司法という名の予定調和の猿芝居であったことである。

フランスでジャンヌ・ダルクの本格的なブームが高まった一九世紀の末、過激なアナルシスト（無政府主義者）としてパリ・コミューンで旗を掲げた女性が、教師であったルイーズ・ミシェル（一八三〇−一九〇五）である。彼女は逮捕されてヌーヴェル・カレドニアに流されたり、パリに戻ってからも反体制活動を続けたので投獄されたりしたこともあるし、イギリスに逃げたこともある。結局七五歳まで生きて肺炎で亡くなった。「赤い処女」の異名を持つ。政治信条を同じくする男たちと共に戦い、ジョルジュ・サンドと同じく、一九世紀において公共の場で男装した数少ない女性だ。彼女をヒロインとする映画やドラマも作られ、今でも左翼過激派にとってひとつのシンボルであり続ける。女性の教育に熱意を抱き、「両性の平等が認められることは人類の愚行の歯止めとなるだろう」、「いつものごとく平等の意識高い男たちは女たちを助けるふりをするが、それはふりでしかない」、「われわれの居場所を乞い願うのではなく勝ち取ろう」という言葉に見られる戦闘的な姿勢はアメリカのフェミニストたちによる研究対象としても人気が高い。

ちなみに、ここで詳述することは避けるが、オランダに亡命中であった共和国主義者バルベスはジョルジュ・サンド（一八〇四－一八七六）に共和国の化身を見ていた。バルベスからぜひジャンヌ・ダルクの叙事詩を書いてくれと頼まれたジョルジュ・サンドは、自分は歴史の中でさまざまの物語を書きたいので、物語の中で歴史を書きたいわけではないと答えた。

フランス革命で基本的人権を謳われた「人間」とは「男」でしかなかったのに、フランス革命の理念の化身とされたのは架空の「マリアンヌ」という戦う女性のキャラクターだった。現実の女性が政治理念の化身やシンボルとして祀り上げられる場合には、男たちに都合のいい記号として生身の人間性をたちまち奪われることをジョルジュ・サンドは直感していたのだろう。

結局、「穢れなき乙女」として、カトリック教会からフランスの守護聖女とされたのは聖母マリアを別格として、ジャンヌ・ダルクと一九世紀末に若くして死んだ修道女「幼きイエスのテレーズ」（この他にシャルルマーニュが崇敬した伝説の殉教聖女ペトロニルがいる）の二人で、フランス国民からフランス共和国のシンボルとされたのはさらに肉体性のない架空のキャラクターであるマリアンヌやら、アメリカに贈られたことで有名な「自由の女神」などであった。殺されなかったり長生きしたりする「戦う女」が男たちのマドンナになることは難しい。

＊犠牲の子羊から救国の殉教処女へ

もっとも、ジャンヌ・ダルクが勝利に導いたと言われている戦闘において、彼女の果たした最大の役割は、敵の士気を低下させたことかもしれない。一五世紀のイギリス兵士たちは、神の権威をもって最後通牒をつきつけてくる「乙女《ピュセル》」を前にして本気で震えあがった。ジャンヌは魔女だと恐れられたのだが、この時代の魔女のイメージは後のいわゆる魔女狩りの時代と違って、イギリス人にとってはマクベスに出てくる不吉な予言を口にする「負」の女預言者であった。

むろん、ひょっとすると神の使いであり聖女であるかもしれないという認識もあったからこそ、ジャンヌを抹殺するには教会の力が必要で異端者のレッテルをはることが絶対条件だったのだ。その結果ジャンヌは広場で公開処刑されるという屈辱を蒙った。イギリス軍の兵士たちがびっしりと詰めてその場の警備にあたっていた。

この状況がかえって、ジャンヌを人々の心の中に「殉教者」として刻むことになった。ローマ教会の認定する聖人にはカテゴリーがあってその多くを占めるのが、キリスト教がローマ帝国に公認されるまでの迫害にも拘わらず棄教せずに命を落とした夥しい数の「殉教者」である。他に「処女」というカテゴリーがあり、この二つが重複することもある。初期の殉教処女には、処女を神に奉献して親の決めた結婚を拒むことでキリスト教徒としてライオンの餌食にされるなど伝説的な聖女がたくさんいて、中世でも民衆の崇敬の対象になっていた。ジャンヌにお告げを与えたのもそのような古代の殉教処女のマルグリットやカトリーヌである。彼女らは中世において守護聖女としてポピュラーであり、ジャンヌの家族にもその名をもつ女性が少なくなかった。

けれども、現実にはジャンヌの生きた一五世紀初めのヨーロッパはほぼキリスト教一色の世界である。一二五三年から一四八〇年の間には殉教聖人は出ていなかった。殉教とは「苦しみを伴う不当な死」という意味でしかなかった。その後、大航海の時代を経て非ヨーロッパ世界での布教という時代に入ってから再び殉教者が生まれてくる。

ジャンヌはキリスト教を捨てないことで殺されたわけでもなく、教会の聖職者によって裁かれたのだから、その時点ではもちろん殉教処女とは言えない。しかし彼女は自分が殉教するのだと自覚して試練に耐えた。いや、むしろ、エルサレムの神殿の祭司たちに裁かれて広場に引き出されて残酷な十字架刑で殺されたキリストの運命に自分を重ねていた。捕らえられたのが復活祭の聖週間だったことも彼女の支えになった。「キリストのまねび」と称してイエスの追体験をすることは中世の文化の一つでもあったから、群衆の前で辱められて殺されたジャンヌが自分をイエスのような「犠牲の子羊」になぞらえたのは自然な心情でもある。

この頃にはまだ、いわゆる魔女裁判というのは広まっていない。わずか一九歳の乙女がものものしい警備の中で焼かれるのは、「無垢の子羊の生贄」という感慨を人々に抱かせたに違いない。

当時の年代記には、ジャンヌの魂がまっすぐに聖女マルグリットや聖女カトリーヌのもとに昇っていっただろうと述べられている。民衆の間ではジャンヌはすでに殉教の処女でもあり、キリストのコピーですらあった。キリストの死のあとでエルサレムが陥落し神殿も崩壊したように、ジャンヌの死のあとでルーアンも壊滅するのではないかと本気で恐れた人々もいた。ジャンヌがルーアンの運命を嘆いたという話も残っている。イエスを裏切ったユダのように、ジャンヌを捕らえたりイギリス軍に売り渡したり裁いたりした者たちが後にことごとく不幸な死に方をしたという話も多く伝わっている。

実際、ジャンヌの聞いたお告げの声は、たえずジャンヌに「神の娘」と呼びかけ、「神が敵に復讐してパリを王の手に取り返すだろう」という戦闘的な口調で語っていた。ジャンヌは「本気」で、その「本気」は敵も味方も共有していたと思われる。

そしてその意味ではジャンヌはすでに立派なフランスの守護聖女だった。百年戦争の流れを変えたオルレアン解放の地では、ジャンヌの死後四年を経た一四三五年以来絶えることなく解放記念日が祝われていて、今でもジャンヌ・ダルク祭が賑わいを見せる。一四五六年の復権裁判による名誉回復以来、ジャンヌは名実ともに「フランス救国の殉教処女」となったのだ。

＊一九世紀におけるフランス統合のシンボル

ここで、ジャンヌ・ダルクが近代においてもう一度「復権」を遂げてフランス史の表舞台に出てきた時代におけるジェンダーの問題について触れておこう。

フランス革命の混乱の後、ナポレオン帝政や王政復古、相次ぐ革命や普仏戦争を経て第三共和政における内政の揺れを経験した一九世紀は、近代フランスにとってまさにアイデンティティの危機の時代だった。そんな時代に、啓蒙の世紀には活劇のヒロインだったジャンヌ・ダルクが、王党派からも共和派からも新しいシンボルとして担ぎ出されたのは不思議なことではない。王政時代にフランスを守護するシンボルだった処女である聖母マリアの代わりに登場したマリアンヌは革命のシンボルである勇ましいイメージだったが、その女性性や処女性については聖母マリアにとって代われるほどの具体性を与えられていなかった。

ジャンヌ・ダルクは歴史性、民衆性、処女性と共に、フランスのためには命を捧げる愛国者として具体的な姿で、マリアンヌを補強するキャラクターになった。けれども、政治的立場によって、そのニュアンスは異なる。左派の反教権的共和主義者たちにとってのジャンヌは国王に見捨てられ教会に殺されたのであり、カトリック勢力にとってのジャンヌは聖人の声を聞いた宗教的信念に殉じたのであり、王党派にとってのジャンヌはフランス国王のために身を捧げたのだ。

特に、普仏戦争の敗北の後のペシミズムの時代には、ジャンヌは、革命のシンボルのような「戦うシンボル」であるよりも、「自己犠牲のシンボル」という面でフランス人の心をとらえた。だからこそ、それぞれの党派は、互いに、敵対する陣営こそが「ジャンヌ殺し」の下手人であるかのように罵りあったのである。

ところが、一八九〇年、フランスのナショナリズムのシンボルとしてのジャンヌ・ダルクは、新しい段階に突入した。各党派による奪い合いの対象だったジャンヌが、民衆の熱狂的な支持のもとにフランス統合のシンボルになったのだ。それを可能にしたのは、当時すでに国民的人気を得ていた女優サラ・ベルナール（一八四四－一九二三）である。

サラ・ベルナールは、一八九〇年と一九〇九年との二度にわたって、二つの別の戯曲においてそれぞれジャンヌ・ダルクを演じた。一八九〇年は、ジュール・バルビエの『ジャンヌ・ダルク』、一九〇九年はエミール・モローの『ジャンヌ・ダルク裁判』である。前者はグノーの音楽と共に一八七三年に初演されたものだが、一八九〇年により簡潔な形でポルト・サン゠マルタン劇場でサラ・ベルナール一座によって再演された。ジャンヌ・ダルクが舞台上で絶命するものの、全体としては動きの少ない静的なものだった。後者は、裁判記録から台詞を起こした部分が中心で、大人たちを前にしたジャンヌ・ダルクの無邪気とも挑発的ともとれる活き活きした様子が出ている。どちらの劇も右派からも左派からも好評を得た。人々は熱狂し、ジャンヌの名を冠したキャンディ、石鹸、リキュールまでが売れた。このようないわばキャラクターグッズを芝居の上演と共に売り出すのは、すでに自分のブロマイド写真や化粧品を販売していたサラ・ベルナールの商才の延長にあると言える。サラ・ベルナールは、世界の五大陸を巡業して回った最初の女優で、出し物の企画からマーケティング、広報までをオーガナイズした有能なビジネスウーマンだ。その彼女が、成功を確信して世に出したのがジャンヌ・ダルクであり、人々は今やサラというカリスマに具現されたジャンヌ・ダルクに夢中になった。

世紀末をはさんで第一次大戦が始まる前の不安定な時代に、サラ・ベルナールの演じるジャンヌ・ダルクがフランス人の連帯ナショナリズムをようやく可能にしたのだ。この時期は決して政治的な対立が鎮まった時期ではない。むしろ、一八九四年のドレフュス事件の勃発や一九〇五年の政教分離法成立をめぐってフランスが真っ二つに分かれるほどの緊迫した時代だった。そんな時期にフランスが共和国としての理想を持ちこたえられたのは、ジャンヌ・ダルクという統合のシンボルの力に負うところが大きい。

＊サラ・ベルナールとジェンダー

といっても、ベル・エポックを背景にしたフランスで人々があれほど同一視したサラ・ベルナールとジャンヌ・ダルクとは、ある意味で全くかけ離れていた。第一、最初にジャンヌを演じた一八九〇年の時点で、サラ・ベルナールはすでに四六歳である。一九〇九年の時点では実に六五歳だった。一九歳の処女戦士を舞台上で生身で演じて果たして説得力を持ったのだろうか。しかもサラは、「永遠の清純派女優」というキャラなどではない。若い頃はパリ警察の「クルチザンヌ（高級娼婦）」のリストに登録されていた社交界内部の遊び女《め》であり、「ヌーヴェル・ファム」Nouvelle Femmeと呼ばれた新時代の女権論者でもあった。それだけではない。サラ・ベルナールの母はオランダ出身のユダヤ人でやはりクルチザンヌだ。父親については不明であり、サラはユダヤ人だと見なされていた。実際、ドレフュス事件でもドレフュス擁護に与《くみ》したし、ユダヤ人という出自を隠すこともなかった。また、前述したように時代に先駆ける商魂を発揮した才女でもある。

それに対して、ジャンヌ・ダルクは男を寄せつけない孤高の処女であり、権力につぶされた、か弱くも健気な殉教の聖女だ。教会に通い、神の声を聞くようになった神秘家でもある。その清らかさは一九世紀末のデカダンス文化における毒消しでもあり清涼剤でもあった。戦場で先陣を切ったといっても、彼女は剣も抜かず人も殺さず、自らが強いのではなく、味方を鼓舞し力を与える存在であった。その勇気や自己犠牲も、男の属性だと見なされる知的な選択ではなく、「やむにやまれぬ愛国心や宗教心の発露」という女性的感情だと見なされた。サラ・ベルナールが体現していたような「男勝り」のプロフェッショナルとは、そのままではとても重ならない。

しかし、サラ・ベルナールは、実は非常に独特なジェンダーを担った人物だった。前の世代のジョルジュ・サンドと共通したところもある。彼女は自分のポートレートを商品にした最初の女優の一人であり、ナダールによるブロマイドも残っている。中にはもちろんいわゆる女優然とした華やかなものもあるし、デュマ・フィスの『椿姫』やサルドゥの『トスカ』のような劇的なヒロインの当たり役もある。しかし、日常生活ではよく男装をしていたことが知られているし、彼女を有名にした得意な持ち役は「男役」だった。中でも代表的なのはシェイクスピアの『ハムレット』のハムレット役、エドモン・ロスタンの『エグロン』の主人公であるナポレオンの息子役、そしてアルフレッド・ド・ミュッセの『ロレンザッチョ』のロレンゾ役だ。いずれも、当然ながらマッチョな男でなく、ロマン派的な「悩める男」という役柄である。

最初の成功はハムレットだったが、初演の時にはすでに四二歳である。さらに一〇年後に初演した『ロレンザッチョ』は、ハムレットのロマン派ヴァージョンとも言うべき作品だが、ミュッセとジョルジュ・サンドとの恋愛関係の中で生まれた作品だ。ジョルジュ・サンドが一八三〇年にルネサンス史を題材に作った『一五三七年の陰謀』という対話篇を、一八四三年に彼女と共にフィレンツェに滞在していたミュッセが、「読むための戯曲」として長大な作品に仕上げたもので、実際に上演されたことはなかった。それをサラ・ベルナールが、短く再構成して上演し、大人気を博した。ロレンゾは、「フィレンツェの紋章である百合の花のように純潔」な一九歳の青年で、運命に翻弄されて最後には暗殺される。百合の花は聖母マリアのシンボルでもあるし、ジャンヌ・ダルクの掲げた軍旗にも

ナダールによるサラ・ベルナール

描かれたフランス王家のシンボルでもある。殺されたのもジャンヌ・ダルクと同じ歳だ。

このロレンゾはあまりにもサラ・ベルナールのはまり役だったので、サラ以後も女優によって演じられるのが普通になったほどだ。ロレンゾを演じた最初の男優はジェラール・フィリップで、半世紀以上後の一九五二年のことである。

つまり、サラ・ベルナールは、すでに「男装の麗人」としてのキャラクターを定着させていたわけで、男装のジャンヌ・ダルクは、むしろそのヴァリエーションの一つだったとも言える。サラは社交界の男たちとも浮名を流したし、二〇歳で私生児を生み、結婚していた時期すらあったが、レズビアンとして女性とも関係を持っていた。その相手である画家のルイーズ・アベマによるサラの肖像画は短髪できりりとした横顔が印象的だ。

ジャンヌ・ダルクのように異端として殺されることはなくとも、一九世紀はまだ女性の男装が厳密には軽犯罪と見なされていた時代である。サラのような自由な女を批判する者も少なくなかった。それは、ジャンヌ・ダルク自体の評価にもついて回った葛藤であり、リベラルであるはずの左派陣営ですらジャンヌ・ダルクを hommasse（「男」homme の女性形）として切り捨てた者さえあったのだ。戦士としてのジャンヌ・ダルクが、神の命令や国王の命令に服したという解釈が、反教権主義者や共和派には受け入れ難かったからである。

＊アンドロギュノス性の効果

ところが、サラ・ベルナールの演じたジャンヌ・ダルク像の解釈は、これらの微妙な問題を巧妙にクリアするものだった。ハムレットなどの「男役」によって「若い男」のイメージをまとっていたサラは、ジャンヌ・ダルクをむしろ女性的に演ずることによって、若い男が演じる「女形」のような効果を醸し出し、ジェンダーをさらに混乱させることに成功したからだ。

男装の女性や女装の男性が「それらしく見える」のは、アンドロギュノスという面を獲得した時である。女とも男ともつかぬ中性的なキャラクターには二つの効用がある。その一つは、ジェンダーの否定だけではない「老いの否定」だ。第二次性徴前の子供や青年たちは中性的である。逆に、中性的であることは「若さ」を喚起する。サラ・ベルナールが四〇代から六〇代という歳でもなお年齢不詳の永遠の若さを誇示できた秘密の一部がそのアンドロギュノス性にあったのは間違いないだろう。

アンドロギュノス性のもう一つの効果は、大人の男や女が選び取ることを余儀なくされる生殖戦略を否定し、自由になれること、配偶者獲得のための性的戦線から離脱できることだ。すなわち、異性を惹きつける性的魅力のために装うことに費やされる努力につきものである、時代や文化の制約を受けなくてすむ。老いを逃れるだけではなく、時を超越することもできるのだ。そのおかげで、単なる男を脅かす「男勝りの女」として排除されるリスクがずっと減る。軍隊のような男社会のヒエラルキーの頂点に立つことで殺されたジャンヌ・ダルクより巧妙な生存戦略であるかもしれない。

サラ・ベルナールが回避しなければならなかった障害には、ユダヤ人としての出自もある。これに対して、彼女はカトリックの修道院で教育を受け、洗礼も受けていることを強調した。実際、修道院内の教育では宗教テーマの劇が盛んであり、少女の頃に天使の役を演じたことで女優の道を選んだとサラは述べている。その頃のカトリックの女性的な神秘熱の影響も大いに受けたらしい。他人を演じる女優という職業は多かれ少なかれシャーマン的な要素を持っている。サラが本気でジャンヌ・ダルクの聞いた声などの神秘体験や信仰心に親近感を抱いていたとしても不思議ではない。

＊ヨーロッパにおけるジェンダー観の系譜

そもそもジャンヌ・ダルクという男装の戦士が国王の軍隊のシンボルとなることがまず認められ、さらに、その男装が公式の宗教によって異端として弾劾されて殺され、後に復権して、民衆の聖女であり勇士として新たなシンボルとなる歴史を可能にしたヨーロッパの基盤にはどのようなジェンダー観があるのだろう。

アリストテレスは女性を「不完全な男性」だとしていたが、哲学に先行する文学世界においては、生物学とは別のジェンダー観がすでに存在していた。ホメーロスが男の行動を表現する時「男として行動する」は強い力と関係していた。しかしそれは過度に強い力ではない。男には、力をコントロールする「意思」が備わっている。

「戦場での勇敢さ」にはまた別の「男らしさ」を表す言葉「アンドレイア」があった。ソフォクレスの戯曲『エレクトラ』で、ヒロインのエレクトラが妹のクリソテミスに父親アガメムノンの復讐を手伝うことでアンドレイアを証明しろと言ったり、ヘロドトスも戦場のアルテミスを「男らしい」と形容したりするように、戦いにおいては、自分のグループに尽くす度合いの大きさこそが「男らしさ」の中身だったのだ。エレクトラとクリソテミスの対照を見ると、権威に対する反抗の自由も「男らしさ」の含意になっているのが分かる。

ヨーロッパの形成は、ギリシア・ローマ世界にキリスト教が広まりゲルマン民族が侵入してきた時点から始まった。成熟した文化が繰り広げられていたギリシア・ローマ世界にとって、侵略してきたゲルマン人は当然「戦闘」に特化された民族だと映った。戦士たちは禁欲的で結婚が遅く政治的な目的以外では基本的に一夫一妻だった。五世紀のマルセイユの司祭サルヴィアンは、西ゴート族がローマ帝国に勝利した原因は彼らの貞潔さにあると述べた。ローマ人は、その性的放縦が神の怒りをかって、戦士として軟弱になったと言うのだ。そもそも女性に簡単に誘惑されることは、それだけで女性的で、オリエント的である。奢侈な生活が「男らしさ」を損なうという説も古くからあった。

ヴァンダル族はさらに徹底した貞潔さで、四三九年にカルタゴを征服した時は売春宿を閉鎖し、男色を特に厳しく取り締まった。真の男とは自分の性欲をコントロールできるものだと見なすことは、ストア派やキリスト教的なモラルにも合致していた。結婚まで純潔を保ち、毛深く、戦いにおいては勇猛だった五六〇年代のフランク王ジグベルト一世は、「男の理想型」としてローマ詩人に歌われた。

その頃のローマ人は髭を剃っていた。少しでも髭があると、ギリシア人、哲学者、軟弱というイメージがあったからだ。それなのに、ゲルマン人の髭は野生の荒々しさだと見なされた。タキトゥスによると、妻子がある兵士は家族を戦場に連れてきて士気を高め、妻は持参金として武器を献上して嫁いだ。年代記作者によると、ロンバルド族は戦闘の際に味方の兵数が劣勢のときには、女たちが髪を前で結んで髭の男に見せかけて数を水増しした。ロンバルドとは「長い髭」が語源である。ゲルマン族は女性が女性性を捨てるなら女王も受け入れた。五一一年にクローヴィスが死んだ時に妻のクロティルドが摂政になって君臨できたのもそのおかげだ。クロティルドは、クーデターが起こって孫たちを死刑にするか修道院に入れるかと迫られた時も、「剃髪するよりも死を」と答えたと言われる。ブルネハウトという女性は五八一年に、剣を取って敵の中を進んで平和を訴えたと記録されている。

同様に、旧約聖書にも強い女性が登場し、身を守るために相手の剣を取って男を刺した女性をトゥールのグレゴリウスが擁護したように、神は、女性が性を超える必要性があることを受容した。ゲルマンの女性が栄光のために男としてふるまうようにキリスト教の女性も聖性のために戦うことが是とされた。だからこそギリシア・ローマ文化の軟弱な男たちに代わって、戦う女、純潔な女はゲルマン族やキリスト教徒にとって理想のひとつの形となり得たのだ。死を前にした時の態度も英雄性の基準だった。首や腹から血を流しながら遺言状を書くなど、たとえ死にかけても気を失わず自制して神を信頼する必要があった。『ローランの歌』(一一~一二世紀)では、角笛を吹き続けて血管が切れた勇士ローランが、先に引き上げたシャルルマーニュに思いを馳せ、神に赦しを乞い、耳から脳髄が流れて絶命し、天使ガブリエルやケルビンやミカエルたちに魂を天に上げられる様子が歌われた。

「壮絶な死を敢然として受け入れながら神を思う」ことは、ゲルマンの騎士道のひとつの理想となったわけであり、ジャンヌ・ダルクの最期は、それに合致していた。

ジャンヌの特徴は、これら「純潔」と「勇敢さ」と「敬虔さ」という英雄の三要素を備えていたことであるが、その「若さ」も重要な要素となっている。これも、「少年に宿る大人の勇気」puer senexというラテン語の表現があったように、一五歳で騎士の誓約をして敵の前で一歩も後退しない少年騎士プチ・ギオーの姿が『ローランの歌』と同時代の『ギヨームの歌(オレンジ公ウィリアム)』に歌われている。

これらの要素を兼ね備えていれば、ジェンダーとしての男らしさが容認されるわけである。演劇の世界ではさらに、生物学的な性別とは別のジェンダーが支配的だった。誇りのために自分の子どもを手にかけたギリシア悲劇の王女メディアもその強さを強調され、コルネイユが一七世紀に悲劇に仕立てたカミーユ（ローマ時代のティトゥス・リウィウスの史書が素材の『オラース』で兄を呪う）やロドギューヌ（シリアの女王クレオパトラの息子が恋したパルティアの王女『ロドギューヌ』）らの激烈さは、人々を惹きつけた。彼女らは一様に「男らしい」virileと見なされた。

一方で、「愛の表現」は女性らしさの範疇に入れられ、「恋する男」の女らしさはネガティヴだとは見なされなかった。女性に対して男らしくない男とは「女性の暴力の犠牲になる男」である。それは、長髪を振り乱し胸をはだけた男装の女性が棒を振り上げて男を打つシーンを描くデューラーの銅版画に見られるように、ルネサンス文学における新しいテーマとなった。女性は自分をコントロールすることができない危険な存在で、男を誘惑したり裏切ったり支配したりする。ラブレーの『第三の書』、『第四の書』に出てくるパニュルジュは、それが恐ろしくて結婚することができずに悩んで、「男らしさ」の対極にある優柔不断のスパイラルに落ちていくのである。

一七世紀のフランスには女性の職業俳優もいて女性の戯曲家（マダム・ド・ヴィルデューなど）も存在し、「男らしい女性」が舞台に登場した。カトリック教会も黙認した。これに対して、一六〇〇年前後のエリザベス朝ではシェイクスピア劇なども女優はいなくて男優が女装していたし、その後ピューリタン革命（一六三九－一六五二）の時代には劇場そのものがすべて二〇年間も閉鎖された。一七世紀のフランスとイギリスでは、演劇を介した「男らしい女」の視覚的な表現には大きな差があったのだ。

マダム・ド・ヴィルデューの強調した「男らしさ」とは、社会的、物質的な家父長支配ではなく、異性を誘惑して征服する遊戯における自由の可能性にあり、それは男にも女にも共通していた。バンスラードは戯曲『イフィスとイアント』で、古代ローマのオウィディウスの『変身物語』の第九話を土台に男装の女性を舞台に上げて人気を博した（男の子しか望まない父のせいで母から男として育てられたイフィスが長じて父の友人の娘イアントと相愛の中になって苦しむ話である。新婚の初夜にイシス女神がイフィスを男に変身させてハッピーエンドとなる）。錬金術師の命を救ったことで自由に性を変える薬を手に入れた一四歳の少年を主人公にした『スメリオン』という匿名小説は、ストーリーを増幅しながら何度もヴァージョンを変えて発表された。

ジャンヌ・ダルクは、このような複合的なジェンダー・イメージが共存しているフランスで英雄視されたり揶揄されたり、ナショナリズムのシンボルや守護の聖女として崇敬されるに至ったわけである。ギリシア演劇の伝統を受け継いだフランス演劇の自由さと、カトリック教会の典礼などが持つ演劇性とバロック文化も、半神半人のようなジャンヌ・ダルクにはっきりとした形を与えたと思われる。一方で、ピューリタン的な建前の縛りがあるプロテスタント系の国においてはジャンヌ・ダルクはまず「男に伍する女」、「男たちの先頭に立った女」であり、そのことによって「男たちに殺された女」として、フェミニズムのシンボルとなっていったのだ。

第三章
宗教と政治の戦い

*ジャンヌの聞いた「声」

フランス語で「声を聞いた」entendre des voixと言うと、即ジャンヌ・ダルクが連想されることがある。それほどにジャンヌが聞いた「声」はフランス人の集合無意識に根を下ろしている。けれどもその声は、漠然と「天の声」、「お告げ」であって、必ずしも発話者が連想されるわけではない。それが特定されて「公式見解」ができたのは、ジャンヌの死後四世紀半も経過した一九世紀末から二〇世紀にかけてのことだ。それは、一九二〇年に聖女として正式にカトリック教会から認定されるにあたっての調査過程だった。

実際にジャンヌが天の声を伝えにシャルル七世のもとにやってきた時には、声の「出どころ」についてはあまり詮索されなかったし、それが本当に聞こえたのかという点も問題にされなかった。当時の人々は自然の中でいろいろなメッセージを聞いていたから、それが超自然のものであるかどうかよりも、神や天使の声なのか悪魔の声なのかのほうが問題だったのだ。それを判定するにはお告げを聞いた者の生活ぶり（特に信仰生活）の評判と、お告げの内容の妥当性とがチェックされる。

信仰者としてのジャンヌは申し分なかった。熱心に教会に通って毎日告解し、毎週聖体拝受をしていたからだ。第一、その正当性の審査にあたって、ジャンヌはまず告解し、悪魔祓いの儀式も受けている。これで、ひとまずジャンヌが悪魔の手先だという疑いは斥けられた。お告げの内容については、それがキリスト教のドグマ（信仰箇条）と関係ないものなので、神学的なチェックはなかった。後は共同体の利害に適っているかということだが、そもそもこれに意味がないと、王太子との面会にまでもこぎつけなかっただろう。

声の出どころについて、実は、裁判記録以外で残っているのは、大天使ミカエルの他に聖ルイとシャルルマーニュの名がジャンヌの口にのぼったという証言だけで、裁判以外でのジャンヌは終始「声」としか言っていない。

天使とはもともと神の使いで託宣者にはふさわしい上に、大天使ミカエルはフランス王国の守護天使だと認識されていた。今も巡礼地、観光地として名高いモン・サン＝ミッシェルも、もとケルトの聖地に、礼拝堂を建てろという大天使ミカエルの八世紀のお告げに従ってできたもので、百年戦争の頃には英仏海峡の要塞のようなシンボリックな意味があった。シャルルマーニュといえばローマ教皇領を保護して教皇の手から戴冠したフランク王国の名君であり、聖ルイといえば一三世紀に十字軍に遠征して死後に列聖された聖王ルイ九世のことだ。後に絶対王政によって「王権神授説」が信奉されたように、フランス王と神が重ねられるのはめずらしいことではない。

すなわち、ジャンヌ・ダルクにとって、神さま大切と、王さま大切と、フランス万歳とは、分かちがたいセットになっていた。

ジャンヌ・ダルクの聞いた「声」を大天使ミカエルの他に大天使ガブリエル、アンチオキアの殉教聖女マルグリットとアレキサンドリアの殉教聖女カタリナ（カトリーヌ）だと特定したのは、異端裁判の記録である。不思議なことに、復権裁判の記録では大天使ミカエルしか言及されていない。つまり、ジャンヌ復権のために証言をした人々は、「声」の出どころが大天使ミカエルだと了解していたわけだ。ところが、近代以降にジャンヌをいよいよカトリック教会の公式の聖女に祀り上げる過程で参考にされたのは、異端裁判に残る証言の方だった。そのせいで、二人の殉教聖女も晴れて「声」の主となったわけだ。

いろいろな思惑があっただろう。ジャンヌにとって教会という組織や聖職者たちよりも「神＝フランス王」のつながりの方が大きかった事実は、宗教的には「不都合」だろうし、シャルルマーニュの聖地は普仏戦争や第一次大戦で敵となったドイツのアーヘンなのでこれも不都合だ。

結局、他の大天使や中世の人気聖女で水増しすることで「声」から政治色を消したのかもしれない。皮肉なことに、第二ヴァティカン公会議（一九六二－一九六五）によるカトリックの近代化によって、伝説と民間信仰に近い聖人信仰が整理され、二人の殉教聖女の祝日は一九六九年に廃止されてしまった。その間、ジャンヌ自身、フランスに吹き荒れた反教権主義の嵐とナショナリズムとに翻弄されて、王党派からも社会主義者からも、カトリックからも無神論者からも動員されることになった。ジャンヌの聞いた主のわからぬ「声」は、フランス現代史の底でこだまし続けたのである。

*「声」の謎と真の奇跡

ジャンヌが「声」を聞いたと主張した時代においては、少なくとも、戸外で天からの声を聞くということ自体は即、嘘や病的なことだとは見なされなかった。自然には今よりも音があふれていただろうし、天使や悪魔だけではなく妖精も身近な存在だった。

ジャンヌの列聖をカトリック教会による取り込みと考えた共和主義者たちは、ジャンヌの物語から「奇跡的」な要素を排除しようとした。同様に、王党派のナショナリストも、ジャンヌの聖性が「普遍的」に水増しされるのを好まなかった。フランス王の王権神授説はシャルル七世がジャンヌに伴われて戴冠したランスの大聖堂での注油の儀式に根を持っている。フランスの元となったフランク王国を統一し五世紀末に最初のカトリック王となったクローヴィスはランスの大司教レミによって洗礼を受けた。聖レミ伝には、聖レミが祈ると聖霊の白鳩が聖油瓶をくわえて大聖堂に翔んできたとある。この油を注がれる（メシアとは油を注がれた者の意である）ことで、代々のフランス王は、即位の後で病人に触れて癒す奇跡の能力を付与されたと見なされるようになった。

ジャンヌ・ダルクの出身地は、ロレーヌ地方のドンレミーという村だ。ドンレミーはサン＝レミのことで、村の守護聖人はもちろん聖レミ、ジャンヌが洗礼を受けたのも村の中心であるサン＝レミ教会である。この少女にとって、国王と神とランスの大聖堂と戴冠とが緊密に結びついていたのはほぼ確かだ。

けれども、革命以来、王党派と共和派、カトリックと政教分離派が抗争を続けてきたフランスでは、救国の聖女を求めていたにもかかわらず、カトリック教会色を消そうとする執拗な動きが常にあった。無神論者はジャンヌのお告げを宗教異常心理からくる幻聴だと説明したがった。ジャンヌは実はシャルル七世の異父妹だとする一派は、ジャンヌが王家と結託したテンプル会士かフランシスコ会士に洗脳されていたのだと考えた。テンプル会は一〇〇年も前に壊滅させられているし、当時のフランシスコ会は、ベギン会と同様に修道会としてはグレイゾーンが大きく、特に在俗の「第三会」が曖昧だった。テンプル会もフランシスコ会も各種の陰謀の舞台として使い勝手がいいのである。この説には、彼らが変装したり木の陰に隠れたりして実際にヴィジョンや「声」を演じたのだというヴァージョンもある。

ジャンヌ・ダルクには、王家の庶子説や替え玉処刑説などいろいろな「外伝」や「陰謀説」があるが、その多くは、彼女の「声」をカトリック教会に管理させるのを妨げるために生まれたと言っていいくらいだ。けれども、どんなにとっぴな仮説においても、カトリック教会の見解と共通する点が一つある。それはジャンヌが、本気で「声」を信じていたという点だ。彼女へのお告げが当時よくあった他のお告げと違っていた点は、単に戦いの勝敗や王の正統性を語っただけでなく、自らが軍を率いるという部分だった。だからこそ彼女は王太子の関心を惹いた。演技や思いつきでは、命をかけ、敵を震えあがらせ、並みいる将を感心させ、負傷して、捕らえられ拷問と審問にかけられても毅然と持ちこたえることはとてもできない。少女のひたむきさと強い気迫と、それを常に裏打ちしていた一種の素朴な単純さこそが、「声」の正体をしのぐ最大の謎であり奇跡だったのだ。

＊政治プロパガンダとしてのジャンヌ

そんな時代に突然現れた少女の神の使いとしての揺るぎない態度は、膠着する戦局の疲労の中で光明を求めていた騎士や王太子の心を動かしたに違いない。「これは、使えるかもしれない」と思ったか、「これは、本物かもしれない」と思ったか、あるいは両方がない混ぜになっていたであろう。ジャンヌの側には、まったく躊躇がなかった。すぐに認められてすぐにオルレアンに駆けつけてイギリス軍を追い散らす気が満々だったに違いない。しかし、ジャンヌはまずポワティエに送られて、神学者によるチェックを受けねばならなかった。そこで彼女の処女性が証明され、お告げの内容と信仰生活の妥当性が認められてはじめてジャンヌは「救国の女預言者」の役割を振られることになるのだ。

　いったんジャンヌの役割が決まると、王太子陣営はそれを最強兵器として使おうとした。もとより、その頃のフランスの状況は中世の騎士道の感覚では「正しいもの」ではなかった。特に、一四二八年一〇月から始まったイギリス軍によるオルレアンの包囲は、敵の領主を人質としている場合、その領地を攻めてはならないという点で明らかに「違法」であった。王太子の再従兄に当たるオルレアン公シャルルはアザンクールの戦い（一四一五）以来イギリスに連れ去られていた。弟のアングレーム伯も兄より先にイギリスに捕らえられていた。そのような状態のオルレアンを攻めるイギリスは天意に背いている。オルレアン公の庶子としてフランス軍を指揮していたデュノワは、捕虜となったオルレアン公の状況にジャンヌが言及した時にあらためて義憤を感じて士気が奮い立ったと証言している。ジャンヌは騎士たちが放棄しかけていた「正義」の感覚をよびさましたのだ。

　しかし、ジャンヌに会う以前から、デュノワは彼女の「使いみち」を自覚していた。王と神学者のお墨付きを得たジャンヌの情報が伝えられると同時に、デュノワは広報戦略を展開した。オルレアンの市民に「神に遣わされた乙女」の登場を予告したのである。オルレアンの市民はその年の二月にクレルモン伯らがイギリス軍の前から退却したことに失望して、「見捨てられた」という気持ちを持っていた。神の遣いの乙女がやってきてオルレアンを救うという宣言は彼らの期待を膨らませた。ジャンヌの方はすでに、イギリス軍の司令官に降伏をうながす激烈な書状を送っていた。彼女は神の意思を伝えているのであり、イギリス軍もキリスト教徒としてその神の命令に従わねばならないというものだった。イギリス軍はジャンヌが魔女であり、神ではなくて悪魔の遣いであると言い捨てて軍使を捕虜にしてしまった。

ジャンヌを直接には知らなかったデュノワは、ジャンヌが彼を見るや否や、すぐにもイギリス軍に攻め入ろうと血気にはやるのを見て、無謀で厄介な神がかりの子供だと思ったかもしれない。しかし、オルレアン公の名を出されて、心を動かされ、彼女の予告と共にロワールの風向きが変わってオルレアンへ兵糧を調達する船が動けるようになった時に、最初の「奇跡」を見たと信じた。それだけではない。ジャンヌというと彼女の聞いた「声」を思い浮かべるが、彼女自身の声や話し方も特別であったらしい。オルレアンでイギリス軍の要塞に向かって直接神の声を告げ、彼らの罵倒に激しく対抗したエピソードからもそれがうかがえる。ジャンヌには独特の強靭さがあり、歴戦の勇将たちはそれを本能的に感知した。

四月二八日、ジャンヌはもとより一人でデュノワのもとにやって来たのではない。ロワール沿いにオルレアンより五〇キロ以上西にあるブロワから、オルレアン戦に向けた食料や火薬を載せた六〇〇台の荷馬車や牛馬と共に一軍が出発した時に、従者たち（そこにはブロワで彼女に合流した二人の兄もいた）や司祭や修道者たちを伴っていた。その前に、ブロワからさらに西のトゥールでジャンヌの軍備が整えられた。白く輝く武具や白馬はもちろん、軍旗や三角旗には、聖母やキリストの名、天使、王家の白い百合など、宗教と政治の合体したシンボルが縫いとられてはためいていた。ジャンヌが一度も武器として使ったことがないという「奇跡の剣」（一七六頁参照）も与えられた。オルレアンからブロワに避難していた人々は、ジャンヌの威容を見て感激し、その様子はまたたくまにオルレアンに伝えられた。ジャンヌは兵士たちに告解をさせ、ミサにもあずからせ、行軍中も聖母を讃える聖歌を歌った。しかし、実際にジャンヌに与えられた甲冑などは、士官用の立派なものではなく、下から二番目のランクというありあわせのものだった。誰もジャンヌが実際に戦うとは思っていず、見かけだけを整えたのである。

＊私を愛するものは続け

こうして軍備を整えたジャンヌ一行が到着したのは、ロワール左岸（南側）に沿って、北のオルレアンをかなり過ぎたブッシェ港の近くだった。到着するとすぐにジャンヌの要請で野外ミサが挙げられた。ジャンヌを戴いて以来、戦いと宗教の典礼はもはや一体になっていた。

ミサの後でジャンヌはロワール右岸のオルレアンの西に築いた城塞を本拠にしていたタルボット率いるイギリス軍の本隊を直接攻めるつもりでいた。ところがオルレアンの鐘楼がはるか川向うに見えるのを見て、反対側にいることにはじめて気づいて失望し、激高した。隊長たちは、東側にもイギリス軍が占拠しているオーギュスタンとトゥーレルの要塞があるからとジャンヌをなだめねばならなかった。

ジャンヌは聞き入れず、デュノワのところに行って、聖ルイと聖シャルルマーニュの取次ぎによって神はオルレアンの民を憐れみ、イギリスが捕虜であるオルレアン公とその町との両方を得ることは望まない、と激しくまくしたてた。その勢いがデュノワの心を動かしたのである。

風向きが変わって兵站を右岸に届けるのに必要な船がオルレアンの東にあるシェシィ港に到着した。ジャンヌたちの当面の目的は果たせたわけで、イギリス軍の要塞が傍にない以上、ジャンヌにはひとまずブロワに引き返して国王軍とともに出直すという選択肢もあった。しかし、ジャンヌの発する尋常ではないカリスマ性を認めたデュノワは、彼女をオルレアンに連れて行こうとこの時に決心した。すでに半年以上もイギリス軍に包囲され籠城しているオルレアン市民の前にジャンヌの姿を見せることで民軍の士気も鼓舞されるはずであった。ジャンヌは祈り、決意して、夜の闇の中、小船に乗った。

対岸のシェシィでも、人々が集まり、祈っていた。ジャンヌらはシェシィのブルジョワの館に迎え入れられた。四月二九日の明け方には、ジャンヌの到着を聞きつけたオルレアンの市民が何百人とかけつけてきた。彼らがオルレアンから敵に気づかれずにシェシィまで来られたことがすでに、神の遣いであるジャンヌの加護によるものだと人々は信じた。彼らはジャンヌと神の名を讃え、ジャンヌに触れようとし、ジャンヌに祈った。一行のオルレアンへの出発は夕刻となったが、ジャンヌは、「何も恐れることはない」と断言した。深夜にオルレアンの東にあるブルゴーニュ門が開かれた。軍旗を持つ従者たちが先導し、白馬に乗ったジャンヌの傍には立派な軍装のデュノワが並んだ。一行は町の西側のルナール門の近くにあるオルレアン公財務官の館に陣取った。次の朝、ジャンヌは、ルナール門の向かい側、数百メートル先に、イギリス軍司令官タルボットのいる要塞があるのを目にした。それが、それから一週間にわたる攻防戦の幕開けであった（それでも、五月五日のキリスト昇天祭には軍備を解くことを忘れなかった）。

ジャンヌはイギリス軍に手紙も送ったし、直接警告もした。イギリス軍はジャンヌを魔女だ、売春婦だと罵った。ジャンヌは決してひるまなかった。この時も、フランス軍は、実際にジャンヌを司令官にして戦うつもりなどはなかった。ジャンヌはシンボルでしかなかったのだ。しかし、彼女自身は、「王太子シャルルさまを援けるのは私しかいない」と最初から高らかに宣言したとおり、先陣を切って打って出るつもりだった。五月四日、負傷したフランス兵の流す血を見て髪が逆立つほど興奮したジャンヌは奇襲によってサン＝ルー要塞を撃破した。五月六日、ジャンヌは三たび手紙を口述した。

「そなたたち、フランス王国にいかなる権利もないイギリスの者たちよ、天の王は、私、乙女ジャンヌによって、そなたたちが要塞を捨てて国へ帰ることを命ずる。さもなくば永遠に語り継がれるであろう鉄槌を私は下すであろう。これは三度目にして最後の警告であり、これ以上書くことはない。イエス、マリア、ジャンヌ・ラ・ピュセル。」さらに、前に囚われたままになっている軍使のギュイエンヌを解放するならサン＝ルー砦で生き残ったイギリス側の捕虜を解放すると述べ、その手紙は、軍使を使わずに矢にくくりつけられて敵に放たれた。

このようなジャンヌの一貫した高飛車な脅迫に対してイギリス軍が、魔女だとか売春婦だとか言って嘲笑したり恐れたりという過剰反応を示したのは、彼女の影響力の強さを示している。そもそも、

「オルレアンに入るジャンヌ・ダルク」
（ジャン=ジャック・シェレール画）

それぞれの民族神や部族神、先祖神などを戴く者同士が戦う場合であれば、いかに「神の加護」や「神託」を唱えても、味方の士気を鼓舞することはできても、同じ神を戴かない敵には何の痛痒も与えない。しかし、イギリス軍もフランス軍も、同じキリスト教の神を戴いて、同じ神によってそれぞれの権力を担保している。ジャンヌの脅迫の骨子は、「フランス王で聖人となった聖ルイ王のようにキリスト教を信奉した敬虔な王の取次ぎによって、天の王である神がイギリス人の非を唱える」というものだ。イギリス軍も神を否定するわけにはいかない。この論理に対抗するには、ジャンヌが「神の遣い」ではなく「悪魔の遣い」であること、悪魔と同衾する魔女であると言い張るしかなかったのである。

しかし、サン＝ルー砦での鬼気迫る攻撃を前にしてイギリス軍は恐れをなしたろうし自分たちの優勢に懐疑を抱いた兵士もいたに違いない。そして、戦場では、一瞬の迷いや疑いが勝敗を分ける。

五月七日、ジャンヌは「私を愛するものは続け」と言った。この台詞は、その一〇〇年前の一三二八年にフィリップ六世（一二九三－一三五〇）の発した有名な言葉だ。即位後まもなく、臣下に反乱を起こされたフランドル伯が王に救いを求めた時に、すぐに出陣しようとした王に対して騎士たちは冷淡だった。時遅くして冬になるのを恐れたからだ。そこで、その気があるのなら戦いの時機はあるものだ、と騎士たちを鼓舞したフィリップ六世が「私を愛するものは続け」と率先し、カッセルで反乱軍を鎮圧した。ジャンヌの語ったり書いたりした台詞の多くは、中世の騎士文化の延長にあった。オルレアン解放後、ロワールの他のイギリス軍基地を攻める時にも、「恐れるな、神のみ心に適ったときが動くときだ」と檄を飛ばしたように、神と自分を一体化した強さは宗教指導者のそれと似ている。

ローマ教会を戴くキリスト教という一神教世界で戦乱に明け暮れながら、勝者たちは、宗教的言辞と強者の言辞を意識的に融合させて操った。そのレトリックこそが最強の武器であり、近代まで脈々と受け継がれてきた。けれども、ローマ教皇に反発する反教権主義と過激な政教分離の道を歩んでいくことになるフランスにおいて、最初の愛国主義を鼓舞したジャンヌ・ダルクの「宗教性」は、その後、意外な展開をたどることになる。

その政治の歴史の中で、ジャンヌ・ダルクや神の声が、時代の権力標榜者たちの都合のいいように利用されたのは当然の結果だったが、少なくとも、ジャンヌ自身には「神の権威」を自分の都合のいいように利用しようという意思はまったくなかった。

一四三一年三月一五日、異端裁判官の問いに答えてジャンヌは「神がイギリス人のことを愛しているか憎んでいるかということについては私にはまったく分かりません、ただ、彼らが、この地で死ぬだろう者を除いてフランスの外に追い出されるということは確信しています」と答えた。「私が死ねばフランス王国を獲得できると思っているこのイギリス人たちが私を殺そうとしていることはよく分かっています。でも、彼らがたとえ今より一〇万人増えたところで、王国を得ることはないでしょう」とも言った。ジャンヌは英仏対立の善悪二元論的ヴィジョンを持っていたのではなく、イギリス人がいなくなることだけを期待し確信していたのである。

シャルル・マルテルの剣

七三二年のポワティエの戦いで、フランク王国の宰相シャルル・マルテルは、ピレネー山脈を越えてフランス側に進出しようとするサラセン人の軍団を敗退させた。その最後の残党は、シノンから遠くないフィエルボワの森で討ち取られた。シャルル・マルテルはその勝利を記念して、その場所に、兵士の守護聖女であるアレキサンドリアの聖カトリーヌ（カタリナ）に捧げるチャペルを建てた。そしてそこに自分の剣を奉納したという伝説がある。

ところが、この伝説が成立したのは、まさにジャンヌ・ダルクの時代であったらしい。百年戦争で疲弊していた人々は、聖人たちの加護に頼った。四世紀の処女殉教者と言われるカタリナは処女と兵士の守護聖人であり、聖ミッシェル（大天使ミカエル）の女性版でもあり、中世ヨーロッパで最も人気のある聖女だ。百年戦争のフランスで、フィエルボワはイギリス軍の占領地域ではなかったので、多くの人が巡礼に訪れた。

一四二九年の二月二三日に乗馬用の男装でヴォクルールを出発したジャンヌ・ダルクは三月四日に、王太子のいるシノンから遠くないフィエルボワに到着し、そこから王太子に手紙を送り、護衛してきた二人の男に託した。ジャンヌはフィエルボワで聖カトリーヌの像に祈り、翌日は三度もミサに出席している。王太子からの返事がもたらされたので、その次の日にいよいよシノンに向かうことになった。

自分が神の遣いであるというジャンヌの絶対の確信は、王太子の希望を目覚めさせた。ポワティエの神学者による審査もパスした。いよいよトゥールで軍備を与えられることになった時、ジャンヌが所望したのは、フィエルボワの聖カトリーヌのチャペルの祭壇の後ろにあるはずのシャルル・マルテルの剣だった。そのことをジャンヌに告げたのはもちろん「声」である。剣には五つの十字が刻まれているのでそれと分かるはずだった。

ジャンヌは異端審問でその剣について根掘り葉掘り尋問を受けている。その記録にあるお告げによれば、剣は土に埋もれていて、錆びつき、鍔は五つの十字で装飾されているはずだった。実際に発見された剣は、それほど深くは刺さっていず、錆も簡単に取れた。フィエルボワの司祭が赤いビロードの鞘を提供し、トゥール市民はさらに金のラシャの鞘を贈った。ジャンヌは戦士らしく、丈夫な皮の鞘を作らせた。この剣のことがチャペルの「奇跡集」に載せられたのはジャンヌの復権後の一四七〇年代であるが、ジャンヌの証言記録が別個に残っているのだから、後世に付け加えられた神話ではない。ジャンヌがそのことを信じていたのは間違いがないし、神の遣い、戦場の勝利の女神として行軍するジャンヌの軍備に聖女やフランス王にちなんだ奇跡の剣をあしらうのは、王太子軍の戦略にも充分適っていただろう。

本当にそのような剣があったのだろうか。おそらく事実だろう。八世紀にシャルル・マルテルが建てたというこのフィエルボワのチャペルは、長い間放置されていた後で、一三七五年に再建されたものだった。一四一五年のアザンクールの戦いの後で生き残った騎士や兵たちがこのチャペルに武器を大量に奉納した。ジャンヌの取り出した剣がそのうちのひとつだったという可能性は大いに考えられる。

奇跡の剣はその後どうなったのだろう。

オルレアンとロワール近辺で戦果を上げ、ランスでの戴冠式も無事に済ませた後でシャルル七世が考えたのは、ブルゴーニュ公との話し合いに入ることだった。戦いの矛先はいったんおさめるつもりだった。そのためにも、ランスでの「権威付け」をさらに補強する必要があったので、シャルル七世はフランス歴代王の墓所のあるサン＝ドニ大聖堂にやってきた。九月七日のことである。

ジャンヌ・ダルクとアランソン公はパリのサン・タントワンヌ門の攻撃に失敗して、サン＝ドニに引き上げてきた。ジャンヌは負傷している。この不備を見て、戦闘を中止しようとしていたシャルル七世の方針は確固たるものになった。ジャンヌのカリスマ性の増大と揺るがぬ好戦的進軍が、すでにシャルル七世の手に余るものになっていたという事情もある。

パリを攻める前にもジャンヌはサン＝ドニに寄って、聖人ドニの聖遺物や国王たちの墓の前で戦勝祈願をした。最初の攻撃は失敗したが、ジャンヌはあきらめてはいなかった。翌日、シャルル七世に退却を命令された。シャルル七世は、九月一三日までサン＝ドニの修道院に滞在し、国を荒廃から守るために停戦を決意することを表明した。国王軍は南へ移動した。この時に、ジャンヌ・ダルクも、当時の慣習に従って、身につけていた甲冑や剣をサン＝ドニ大聖堂に奉納したと言われている。

ところがこの時、奇妙なことが起こった。兵士の一人を誘惑しようとした娼婦を追い払おうとしたジャンヌが剣で威嚇した時に、娼婦の背で「奇跡の剣」が折れたという話だ。シャルル七世はそれを不吉なこととして不快に思った。その真偽はともかく、シャルル七世も、ジャンヌ・ダルクも剣を奉納したことになっている。

その剣は、どこへ行ったのだろう。サン＝ドニがイギリス軍に占拠された時に奪われたという説もあり、フランス革命の時に他の宝物や聖遺物と共に奪われたり捨てたりされたという説もある。サン＝ドニの宝物目録には一五三四年にはシャルル七世の剣があったと記録されているがジャンヌの剣は記録されていない。しかし一七一〇年の目録にジャンヌの剣が消像画と共に登場した。生前のジャンヌの肖像画は残されていないが、ランスでの戴冠式の折にスコットランド人の画家が肖像画を描いたと言われているので、それがその「幻の肖像画」ではないかと期待された。いずれにしても、その後のフランス革命以来、すべてが破壊されたか散逸しているので、折れてしまった「奇跡の剣」の行方は今も謎に包まれている。

支配者の権威付けに使われる「小道具」というものは、いつの時代にも工夫を凝らされてきた。宗教色、英雄たちの遺物、超常現象や奇跡、それらの組み合わせが、絶大な効果をもたらして歴史の流れを変えることすらある。

ジャンヌ・ダルクはそれらを意識して計算したり演出したり企画したりしたわけではない。彼女の確信と、思い込みと、情熱と、支配者たちによる政治の思惑と、時代の文脈がうまく交差した時に、「奇跡」の波が、寄せたり返したりしたのだろう。

＊異端審問の実態

中世キリスト教の異端審問とそれに続く火刑というと、私たちはすぐに集団ヒステリーのような魔女狩りだの凄惨な拷問などを思い浮かべがちだ。中には、肉食文化のヨーロッパの刑罰は草食系の日本などよりも残虐だというコメントをする人さえいる。

ジャンヌ・ダルクの異端審問と処刑は、いろいろな意味でこれらのイメージとはかけ離れたものだった。一つには、百年戦争のさなかだとはいえ、ジャンヌの裁判と処刑の行なわれた一四三一年のルーアンと言えば、大きな戦いはない状態で、さまざまな外交戦略が交わされていた時期だ。ルーアンの近くにまだ幼いヘンリー六世の一行が駐屯していて、あたりはイギリス軍とブルゴーニュ公の安定した勢力のもとにあった。ジャンヌはルーアンで戦って捕虜になってリンチを受けたわけではない。コンピエーニュの戦いでブルゴーニュ公の軍の捕虜になってからさまざまな経緯をたどった後でイギリス軍に引き渡された。戦闘の狂熱とは関係のない政治的事情でルーアンに来たのだ。そんな「平時」に近い時においては、群衆や権力者が極端な「残虐」にはしることはない。

ジャンヌの異端審問は、宗教的狂熱とも実はほど遠かった。当時の異端審問は、いかなる異論も殲滅《せんめつ》する全体主義国家による仮借のない断罪などではない。

ブルゴーニュ派だったパリ大学の神学者たちがジャンヌにかけられた異端の疑いを容認したのは事実だが、教会を脅かす力のないジャンヌを積極的に裁く理由はなかった。そもそもフランスにおいては異端審問制度とは司教の力の及ばなくなった南フランスのカタリ派を壊滅させるためにできたものだ。一一九九年にイノケンティウス三世が設けた異端審問は、一二三一年にグレゴリウス九世によって、「異端の改悛者は終身刑、改悛しない異端者は死刑」という基準を与えられた。フランスのトゥールーズに常設された異端審問法廷は一三世紀を通じて、カタリ派を執拗に追い詰めて異端者たちを火刑台に送った。異端審問官ベルナール・ド・コーは一人で五四七一名のカタリ派を尋問した。

しかし、いったんカタリ派が姿を消すと、異端の弾劾は本来の司教の采配に任され、異端審問は特別な時にしか稼働しなくなる。異端審問には異端者を捕らえる警察組織はないので、欠席裁判も少なくなく、処刑されることなく単に身を隠す異端者も多かった。

中世の異端審問がフランスで最後に機能したのはテンプル騎士団の裁判の時（一三〇七－一三一二）だ。イタリアとフランスの異端審問ではさまざまな拷問が許されていた。そのせいで、拷問の脅迫をするだけで得られた自白も多かった。拷問が禁止されていたイギリスとは自白の性質が異なることが知られている。

その後、世俗の裁判権の方が強くなり、一四〇三年にカンブレの異端審問官とランスの大司教との間に争議が起こった時にはパリの議会が介入して後者を支持した。一四一二年には、トゥールーズの異端審問官がローマ教皇と癒着しすぎているとしてフランス王に逮捕された。大分裂の時代はカトリック教会権威そのものが大きく揺らいでいた。司教座の判事は婚約の取り消しだの教会内規の乱れなどを主として扱い、ジャンヌの異端審問が行なわれた一四三一年の時点では、大審問官はフランスではパリに一人しかいなかったわけである。

個人が変則的信仰行為のために異端として告発されても、教区の司祭に責任を転嫁したり、贖罪を表明すれば、民間の手に渡されて処刑されることもなかった。次世紀における宗教改革の後のカトリック改革までは、神学的知識もなしに民間信仰を融合した司牧を続ける地方司祭は少なくなかったし、視察も徹底していなかったのだ。

異端審問には固定収入や予算がないので、費用は異端者の財産を没収することによって賄われていたから、金のない者を告発する意味も余裕もなかった。敵対する者が互いを異端者として告発することを避けるために、「敵による悪意の告発」は採択されなかった。財産のないジャンヌ・ダルクの訴訟費用を支払ったのはイギリス軍で、後にその裁きが無効だとされた時の根拠の一つが、この「明らかな敵による告発」の認定だったのだ。

人々が隣人を互いに告発し合うような激烈な魔女裁判の嵐がヨーロッパの一部に起こったのは、主として一六世紀以降のことで、プロテスタントの登場による宗教戦争の文脈と無縁ではない。フランスでも宗教改革以来、異端の管轄は国の機関へと移っていった。中世型の異端審問はジャンヌ・ダルクの世紀を最後にフランスからは姿を消した（トゥールーズとカルカソンの法廷は一七世紀まで形だけ残されていた）。その後の常設の異端審問法廷は、教皇庁と、スペインのものだけになる。スペインでは、レコンキスタの過程で、ローマ教皇からその称号を許されたいわゆる「カトリック王」の要請を受け、シクストゥス四世が一四七八年に異端審問法廷の制度を導入した。初代の大審問官は、二〇〇〇人を火刑台に送ったといわれるドミニコ会のトルケマダである。異端審問は、魔女や冒聖などだけでなく、カトリックに改宗したユダヤ人やイスラム教徒を監視する役割も担ったのだ。

さて、ルーアンでは一四三〇年から三二年にかけてジャンヌとは別の二人の女性が「魔女」として裁かれてはいたが、主として公共の場で「説教」したことが原因だった。けれども女性が「公序良俗」を侵すと判断された時は、共同体からの追放や社会的な隔離さえできればいいわけなので、この二人も「贖罪」を言い渡されたに過ぎない。すなわち、一定期間をパンと水のみで拘留されたり、その後で裏表に十字架を縫いつけた服を着せられて断食や巡礼の義務を課せられたりするものだ。この時代の巡礼の旅には危険が伴うから決して容易ではないにしろ、少なくとも、「魔女が公開で処刑される」というようなことはまずなかった。異端の取り締まりは地方の共同体の秩序維持が目的であり、全体主義的粛清や民衆の狂熱とは別物だといっていい。

ジャンヌの火刑は例外的なことだった。実際、ルーアンでジャンヌの後に火刑にされたのはフォランファンという男性が、異端だけでなく殺人を伴う罪によるもので、六年も後のことである。

*ジャンヌの試練

その頃の異端審問では、世俗の権力による裁判で行なわれるような焼き鏝《ごて》などを使う拷問はなく、外傷が与えられることはなかった。拷問は水を大量に飲ませるようなもので、苦しく危険なものではあったが、一種の神明裁判だったので、拷問を受けても自白しない場合は異端を宣告されずに解放されることもあり得る。だからこそ、ジャンヌは脅されたにもかかわらず本格的な拷問は受けなかった。ジャンヌは拷問によって自白させられても後で絶対に追認しないと先に明言していたので、完璧な裁判を望んでいた判事はリスクを避けたのだ。

ではジャンヌの裁判と処刑において何が一番の原動力となっていたかというと、フランスに駐留していたイギリス軍内部の恐怖に裏打ちされた憎悪である。

イギリスの地方における魔女のイメージは、白雪姫に出てくる魔女に近い。醜く、恐ろしく、呪術に長けている。共同体の外れの森などに住み、植物療法や自然療法などに通じた産婆でもある「魔法使い」wise women は、同時に村人たちがこっそりと敵に呪いをかける依頼をしたり、毒を調達してもらったりする相手でもあった。

そのようなネガティヴなイメージはやがて悪魔伝説と結びつき、魔女は悪魔に魂を売り渡すことで超能力を獲得したという筋書きになった。命の危険にさらされる戦場においては「敵軍」はすでに悪魔のような存在だ。イギリス軍にとって、オルレアンで敵の先頭に立って味方を蹴散らしたジャンヌ・ダルクはまさに悪魔そのものに見えた。

両軍ともが正しい「神の加護」を必要としていた時代である。「敵の神＝味方の悪魔」、その使者であるジャンヌは悪魔の手先であり恐ろしい魔女でしかない。

「敵の神＝味方の悪魔」という二元論的対立は双方に共通する。天の声に導かれた軍事的使命を信じていたジャンヌにとっても、イギリス軍は悪魔の軍団に見えていたのだろう。だからこそ、ジャンヌは、自分がイギリス軍の手に渡されると知った一四三〇年の秋に、自殺を企てた。高さ二〇メートル以上のボルヴォワールの塔から身を投げたのだ。未遂に終わったが、その後三日間も飲み食いできないほどのショックを受け、回復には時間がかかった。異端裁判ではイギリス軍の捕虜になるくらいなら死んだ方がましだとジャンヌが公言したとされ、身投げの理由は絶望ではなく憎悪であり悪魔にそのかされたと弾劾された。

ジャンヌが、戦場における特殊心理のうちに、悪魔に対するような憎悪をイギリス軍に抱いたとしても不思議ではない。戦場で血気はやるジャンヌは味方の将に対しても容赦ない言葉をかけたほどだった。

だから、イギリス軍の手に渡った後のジャンヌはまさに「悪魔」の手のうちにいたのであり、イギリス軍にとっても、ようやく捕らえた「悪魔」を一刻も早く抹殺したいという状況だったのだ。牢獄では、超能力を備えた魔女を逃がさないために巨大な足枷が使われ、立ったまま収容するための鉄の檻まで用意されていたと言われる。イギリス軍はジャンヌを恐れ、憎み、死を願った。自死できなかった後のジャンヌは嘲罵を浴び、憎悪を受けて、神の憐れみだけにすがることになった。

＊聖なる女性が焼かれてしまった

一四三一年五月三〇日水曜日の朝、ジャンヌは、審問の陪席判事だったマルタン・ラドヴニュに告解をして聖体を拝領した。一〇〇人ほどの兵士に囲まれてルーアンの広場に引き出されるまで、神と聖人に魂の救いを嘆願し続けた。付き添いの僧らは涙を禁じえなかった。仮設台の上で教会から世俗の法官の手に渡されることを宣告され「ジャンヌ、心安らかにせよ、教会はもはや汝を守れない」という言葉を受けたジャンヌは跪いて祈りを捧げ、敵を赦し、十字架と聖水を所望した。

この時点で、一万人と言われている群衆は、彼らの前にいるのが「悪魔」ではないことを知った。悪魔なら神やキリストを嘲笑し憎悪の言葉を吐いて死ぬのではなかったか。ジャンヌの様子は、まさに、当時の人々にとってキリスト教徒の理想である「善き死」を絵に描いたようなものだった。イギリス軍の兵士らの受けた衝撃は大きかった。人々は泣いた。

火刑の判決を下すのはルーアンの法官の役目であったが、法官はただジャンヌを火刑台に「連れて行け、連れて行け」と低く指示しただけで去った。

ジャンヌはイギリス人の渡した十字架に口づけして胸に押しつけた。火が放たれた時に大声でイエスの名を六度以上も呼んだ。すべての人にとって、それは善きキリスト者の死の光景である。この娘が不当に裁かれたのは明らかだった。

ヨーロッパのキリスト教が安定した時代、一二五三年から一四八〇年のカトリック世界にはいわゆる殉教聖人は出ていない。一五世紀の人々にとっての「殉教」とは「苦痛を伴う不当な死」だった。火刑台の前で恐れおののきながら十字架を求め、イエスと聖人の名を唱え続けて焼かれた、痩せて小さく無力な若い娘は、人々の目には明らかな「殉教者」で「聖女」である。「彼ら」は、間違えたのだ。聖女を殺したのだ。

繰り返すが、百年戦争のさなかとはいえ、一四三一年の五月のルーアンには、戦闘もなく、飢饉もなく、そこにいた一万人の人々にはさしあたっての生命の危険も不安もなければ、血に飢えた集団ヒステリーもなかった。いつ誰がギロチンにかけられるかもしれないという疑心暗鬼の恐怖時代ではない。イギリス兵は、有名な「悪魔の使い」が成敗されるのを見て安心を得ようとしていただけだ。

ところが、そこに現れたのは呪詛の言葉を吐く代わりに自分たちの救い主であるイエスに魂の救いを嘆願する無力な少女だった。魂を悪魔に売った女ではない。人々はたった一人で神に魂を捧げる娘をよってたかって殺そうとしているのだ。

ジャンヌの死を確認した公証人のギヨーム・マンションは、恐怖のあまり気が遠くなり、その後一ヵ月立ち直れなかった。憎い魔女の火刑台に薪《たきぎ》をくべてやろうと息巻いていたイギリス兵は、ジャンヌの目を見て衝撃のあまり気絶した。陪席判事のピエール・ボスケは、衝撃に打ちのめされ、居酒屋で酒を浴びながら判事たちを呪い倒した（彼はこのせいでパンと水だけで一年間を過ごす贖罪を言い渡された）。イギリス王の書記官ピエール・トレサールは「聖なる女性が焼かれてしまった」と口にした。うずたかく積まれていた薪は若い体を焼き尽くすのに足りなかったらしく、開いた胸郭から血まみれの心臓が現れた。「聖遺物」を残すことを恐れたイギリス兵は丁寧に掻き集めた灰と共にすべてをセーヌに捨てた。

「神殺し」のトラウマをユダヤ人差別にすりかえてきたキリスト教世界の住人たちは、「聖女殺し」のトラウマと罪悪感の前で動揺した。その先五〇〇年以上にわたって、人々はジャンヌ・ダルクの滑稽譚、生存説、陰謀論を紡ぎ、教会の聖女、ナショナリズムの英雄、フェミニズムのシンボル像を打ち立てて、記憶を塗り替えようとしたのだ。

ジャンヌがあんなに神に抱かれたがった魂は、永遠にリサイクルされながら、人それぞれの神殿の帳の向こうに供物として、そっと、捧げられ続けたのである。

＊戴冠と聖油の起源

ここで、ジャンヌ・ダルクが王太子を正統な王とするために必要絶対条件だと見なした「ランスの戴冠式」における政治と宗教の関係を見ておこう。

五世紀の終わりにクローヴィスがフランスを統一したメロヴィング朝に続いてカロリング朝を創始したペパン・ル・ブレフは、七五一年の戴冠式において最初に聖油塗布の儀式を取り入れた王だった。その前に、トレドのヴィジゴート王ワンバ（在位六七二―八〇）はすでにこの儀式を取り入れて王権の強化を図ったものの、後に退位させられている。そのヴィジゴート族がアラブ人の侵略によってフランク王国に逃げてきたので、その儀式が知られるようになったのだろう。

ペパンは主君であるメロヴィング朝を退けてローマ教皇の支持を受けることでフランス王（フランク王国）となったので、宗教的な儀式による正統性の保証が必要だった。その儀式は旧約聖書の王たちが油を注がれることで国を守り宗教を守る役割を与えられたという事蹟にならうものだった（最初の王は、主のお告げを聞いた預言者サムエルによって頭に油を注がれたサウルである）。教皇ステファヌス二世（在位七五二）は、フランク王朝を選ばれた民族だと呼び、ローマを脅かすロンバルド族の討伐を依頼した。アウストラシア（現在のフランスの東部）出身のフランク族はメロヴィング系フランク族よりも異教的だったので、ローマ教皇の権威を借りて自らをキリスト教化することによってメロヴィングのクローヴィスとの連続性を強調するのに成功したのである。

注油の儀式に使う油は、はじめは司教の聖別する聖油（香油）だったが、カロリング王朝二代目のシャルルマーニュの孫に当たるシャルル・ル・ショーヴがメッツで戴冠した時（八七五）に、ランスの大司教インクマールが、レミの聖人伝を著し、その中で「クローヴィスの聖油」の話を書きとめた。それ以来、フランス王の額に塗布される聖油は、クローヴィスの戴冠の時に白鳩がくわえてランス大司教のレミ（レミギウス）のもとに運んだ容器に入っていたものだと見なされたのだ。中の聖油が決して減ることがないという奇跡の容器は、聖レミの墓の中で遺体を防腐するための香油として発見されたものだという。一〇八九年にウルバヌス二世の推奨もあり、戴冠式はその後、クローヴィスが洗礼を受けたランスの大聖堂でのみ行なわれるようになった。

その後、聖油の「伝説」は、一一三一年にローマ教皇イノケンティウス二世によって認定され、ランスのサン＝レミ修道院がそれを保管すること、ランスの大聖堂がフランス王の戴冠をすることが正式に決まった。戴冠式の際には何千人という宮廷人がすべてランスに移動することになった。ランスでは全部で三三回の戴冠式が行なわれ、そのうち二五回は、一三世紀に建てられた現在の大聖堂で行なわれた。それは実に、フランス革命後の王政復古（最初のルイ一八世は痛風のため儀式に必要な平伏の姿勢がとれないために取りやめた）のシャルル一〇世の戴冠（一八二五）まで続けられたのだ。

カロリング朝に代わって九八七年にカペー朝が創始されたときにもその儀式が採用されたのは当然だった。

もともと、フランスでは、王家が変わる時に、たとえそれが実力で勝ち取ったものだとしても、血統としての正統性を強調する傾向がある。そのためにもメロヴィング、カロリング、カペー朝を貫く「同族」神話の形成において、聖油の儀式は不可欠だった。塗油を受けた後の王は、普段は聖職者だけに限定されている聖餐のワインを、聖体パンと共に拝受することができた。戴冠式の後では、イエスの一二使徒やアーサー王の一二人の騎士にちなんで、六人の聖職者と六人の領主（アキテーヌ、ノルマンディ、ブルゴーニュ公、トゥールーズ、シャンパーニュ、フランドル伯）と共に祝宴が繰り広げられた。このような儀式を通して、フランス王は領主に対しても、単に封建時代の相互契約的な主従関係以上の「聖なる優越性」を少しずつ刷り込んでいったのである。

＊癒しの業

これらすべての儀式の意味は、単に、王が神によって選ばれ、王権を与えられたというだけのものではない。

古代の王はもともと、呪術的な能力を有している祭祀主が基本形だった。ローマ教会が宗教を統制し始めた中世にはそのような形の継承は困難になっていた。けれども、ゲルマン族がケルト人やガリア人を統合して治めていく時には呪術的な能力の顕示は依然として重要であり、それを王位継承者である長男が受け継ぐことを示さなければならない。超自然の力は家系に伝わる「遺伝」なのである。ヨーロッパではフランス王とイギリス王だけが、「癒しの業」を行なった。イギリスでは、プランタジネット王朝を起こしたノルマン公征服王ウィリアムの息子のヘンリー一世（一〇六八―一一三五）の代から始まった。そのような業の顕示を警戒したのは、もともと古代の呪術を否定していたローマ教会である。

フランス王やイギリス王が即位の後に行なう「癒し」のパフォーマンスには近隣の国からも多くの病者が駆けつけてきた。医師に見離された病人にとって最後の頼みの綱だと見なされていたこともある。その評判は高かったのに、不思議なことに他の国の王たちはそれを真似ることもしなかったし、抗議することもなかった。そのパワーがあまりにも根源的なものだったので、ローマ教会のほうも、それを禁じるよりもキリスト教化することの方を選択した。そのひとつが、王たちが即位に当たってその聖油の塗布によってその能力を授けられるという理屈であったのだ。さらに、癒しにおいて従来の「按手《あんしゅ》」の他に、患部に十字を切るという手法が定着した。世間には、キリストの乳歯などという「聖遺物」を手にして「治療」行為をする術士もいたので、ローマ教会はそれらを牽制する必要もあり、王たちの癒しのパフォーマンスを管理して一本化することを選んだのである。

そして、イギリス王が、通常の聖油（聖職者が一定の儀式によって聖別した香油）を注がれたり、着席のままで病人に手を触れたりするのに対して、フランス王は、さらにシンボリックな演出を加えて聖性を強化した。フランス王に注がれる聖油は初代のクローヴィス以来の奇跡の油であり、王は立ったままで真剣に何時間も癒しの業を行なった。白百合や国王旗などのシンボルも動員した。イギリスでは女王もこれを行なったが、フランスでは王位継承の男系の長子のみであった。

さらに、フランスではそこにカトリックの聖人も加えられた。王家の血筋を引くという聖マルクーのとりなしによる治癒というレトリックだ。ここで重要な役割を果たすのが、メロヴィング朝の王家の館のあったコルベニィというケルトの町である。カロリング朝のペパン・ル・ブレフも七五七年の降誕祭と翌年の復活祭にここに滞在した。八九八年、シャルル三世は、ノルマン人に追われてこの地にやってきた修道者たちを受け入れて、彼らの持ってきた聖マルクーの聖遺物を館に安置した。それ以来、代々のフランス王は、ランスで塗油され戴冠した後、このコルベニィに巡礼して、聖マルクーの聖遺物櫃を礼拝することで、治癒の力を与えられる仕組みになった。コルベニィにはサン＝マルクー修道院が建てられて、その横に病人を収容する施設が加えられた。王は、聖人に供物を捧げ、祈禱し、それから病者を触るのだ。

治癒の様子について書かれた記録としては一三世紀以前は三つのものが知られている。ロベール二世（九七二－一〇三一）と、フィリップ一世（一〇五二－一一〇八）、ルイ六世（一〇八一－一一三七）についてである。

王が実際に傷に手を当てて十字を切ると、痛みは取れたらしい。フロリー修道院のエルゴーの残した記録によるとロベール二世には実際に治癒能力があり、われ先にと押しかける病者の規制が必要なほどだった。この王は聖油によって治癒能力を獲得したのではなく、血脈により、生まれながらに神より授けられた能力だと言われていた。イギリスでも一一二五年頃に、マームスベリー修道院の修道士ウィリアム・サマセットが年代記でエドワード王の治癒の力は聖なるものではなく王族の遺伝能力だと書いている。王族の祖先が白鳩や蛇など人間ならぬものであるという神話も広く分布していた。


フィリップ一世は、戴冠の塗油の後に行なう最初の治癒ではよく効いたが、後に復活祭や降誕祭で行なった時には、すでに、罪の蓄積によって効き方が悪くなったと言われる。もとは、体のいろいろな部位に触れていたが、後にはほぼ首に限定された。頸部リンパ節結核である瘰癧《るいれき》の患者の特徴は首の腫れ爛《ただ》れであった。聖マルクーの名が「首」cou（クー）の音の連想から、瘰癧に効くと信じられたからでもある。ルイ六世は、ひとりひとりの病者をゆっくりと引き寄せて謙虚に触れたと言われる（このルイ六世は、父が後継者を指名せずに亡くなったので、ランスではなく最寄のオルレアンでサンスの司教によって塗油された）。

しかし、このような王たちの按手が病者に奇跡の治癒をもたらしたというのは事実なのだろうか。王は時として一日に一〇〇〇人にも及ぶ病者に触れ、「王が触れ、神が癒す」と唱えた。ともあれ、治癒があった場合は王の按手のおかげであり、治癒がない時はそれが神のみ旨であるとされるのが普通だった。治癒が得られないことに抗議する者はいない。もとより器質障碍者は来ない。王のもとに押し寄せる瘰癧患者の主訴は衰弱であった。王の按手を受けるために救護所に収容された病者たちはあらかじめ食物の施しを受けたに違いない。眠、暖、食を与えられた病者たちが栄養失調による衰弱、低血糖、低体温などから一時的に回復することはあるだろうし、治癒者としての王に寄せる期待や興奮などが脳を活性化して免疫力が高まるかもしれない。戴冠式を終え、聖マルクーの墓所に巡礼したばかりの王自身も、治癒者としての自己暗示の中にあったであろう。治癒する側もされる側も同じようにプラセーボ効果を高めあっていたとしたら、少なくとも一時的な快癒や症状の緩和が起きることは不思議ではないし、多くの「奇跡の治癒」がそうであるように、たとえそのような幸運なケースが一〇〇〇人のうち数例しかなくとも、それだけが書き留められ言い伝えられるのも当然の成り行きであっただろう。

＊シャルル七世の戴冠

さて、一四二九年の七月一七日にランスでの戴冠を終えたシャルル七世は、七月二〇日にランスを立ってコルベニィに向かった。コルベニィの聖マルクーの棺の前で王はすべての儀式を執り行なった。その後で、ランス大司教区のヴァイィに入ると町はすぐに王に服従を誓った。さらに、それまでブルゴーニュ公に与《くみ》していた周辺の町の領主や市政者が次々と王を訪れて町の鍵を献上して服従を誓った。ソワソン、ラン、プロヴァン、シャトー・ティエリー、クロミエ、クレシィ、コンピエーニュなどシャンパーニュ地方、ピカルディ地方が次々とフランス領になったのである。当時、政治的には有効性がなかったはずのランスでの戴冠は、「コルベニィ詣」と病者の治癒とに補強されることで、シャルル七世を真の「フランス人の王」にしたのである。

戴冠式の朝、ジャンヌ・ダルクは、伝統に従って王の戴冠に出席して忠誠を誓うようにと新たな手紙をブルゴーニュ公に送っていた。しかし、その日のうちに、ブルゴーニュ公の大使たちがランスに到着した。ブルゴーニュ公も、ランスでの戴冠という伝統的な権威の手続きには敬意を表さずにはいられなかったのだ（しかし一方でブルゴーニュ公の元帥がシャルル七世軍に宣戦布告をしているので、その立場は曖昧だった）。

戴冠式にまつわるこの状況は、イギリス軍を動揺させた。彼らにとってまさに想定外の展開であった。

実際、ジャンヌ・ダルクとともにオルレアンを解放した後、パテイの戦いで多くのイギリス人司令官を捕虜にしたフランス軍のアランソン公は、その勢いでそのままノルマンディに兵を進めることを考えていた。それは当然の成り行きであり、イギリス側のベッドフォード公もノルマンディに兵を集めて守りを固めた。そんなとき、ジャンヌ・ダルクが、シャルル七世は何よりもランスに向かうべきだと主張したのだ。ランスでは、王太子は戦わずとも一日にして王になる。オルレアンの解放と王太子の戴冠との二つが、ジャンヌが神から受けた指令だったのだ。

次の世紀の終わりの宗教戦争の時代、ヴァロワ朝が断絶した後で、フランスはカトリック同盟の勢力と、プロテスタントのナヴァール王（暗殺されたアンリ三世のいとこ）の勢力に二分された。国をまとめるためにサン＝ドニの大聖堂でプロテスタントからカトリックに改宗したナヴァール王は、ギーズ公率いる敵の勢力下にあったランスに近づくことができずにシャルトルの大聖堂で即位してアンリ四世となった（一五九四）。内戦状態の国ではアンリ四世でさえ、ランスの大聖堂での戴冠をあきらめたのだから、百年戦争のさ中においてジャンヌ・ダルクがシャルル七世をランスで戴冠させようとした決意の固さのほどが分かるだろう。

後に、この聖油の塗布の後に行なわれる瘰癧者の治癒能力に対して確信を持っていなかったとされるルイ一五世も、その心理的な重要性を周りから説得されて、すべての儀式を行なって、使命を首尾よく果たした。

＊王を待つ聖油

聖油は戴冠式に大聖堂に運ばれる以外はランスのサン＝レミ修道院から出ることがなかった。たった一度の例外は、死の床にあったルイ一一世が自分のそばに置きたがった時であるとされている。聖油は修道院の聖レミの墓所に置かれ、その鍵は代々の修道院長の寝室にあった。

フランス革命前の銅版画によると、奇跡の球形の容器は宝石で飾られた貴金属製の皿の上にとりつけられ、移動の際には、修道院長が、その周りに固定された鎖を首にかけて、さらに両手で容器を胸の前に捧げ持ったらしい。

フランス革命の時代には、すべての修道会は法律外の存在となり、宗教施設の財産は国有化された。サン＝レミ修道院の修道士たちは追放されたが、聖レミの聖遺物と聖油は、共和国に忠誠を誓った司祭に管理された。しかし、一七九三年一〇月、聖油の没収が決定されたことを知った司祭は、容器の中身をすり替えた。容器は民衆の前で広場にたたきつけられて踏みにじられた。飛び散ったかけらの二つをそっと拾った男がいた。

一八一五年、王政復古が成立した。亡命していたブルボン家の人々も戻って来た。一八一九年六月一一日、ランスの大司教は、聖油や聖油の容器のかけらを保存している者があれば、神と高位聖職者の前で誓って真実を話し、それを返却するようにと呼びかけた。こうして、フランス王は、再び聖油を手に入れたのだ。

一八二五年五月二九日、ルイ一八世の弟であるシャルル一〇世が即位した時には、新しい容器が作成された。

時はすでに、一九世紀である。聖油が本物かどうかを疑う声もあった。即位の数日前に官報が、革命以来の聖油と容器のたどった事情を公表した。シャルル一〇世の塗油に使う聖油は大司教が聖別したものに革命を生き延びた聖油を公開の場所で継ぎ足したものである。すべての儀式は公文書に残された。こうして、シャルル一〇世の額に塗布される油は、五世紀のクローヴィスに白鳩が運んできて

シャルル10世即位時の聖油の容器と金の匙

1979年に発見された聖油入りのガラス瓶

以来、フランス国王に塗布され続けた奇跡の油と同一だと見なされたのである。

その後、大切に保管されていたはずの容器は、ある日空になっていることを発見された。一九七九年になって一九〇六年の記録が見つかり、一九〇五年の政教分離法が発布された時に没収を恐れた司教によって別のガラス瓶に移し替えられた聖油が無事に発見された。もとに戻された聖油は、次のフランス王の登場を今も待っている。

*「民衆の聖女」の条件

啓蒙の世紀にヴォルテールが物語ったジャンヌ・ダルクは、荒唐無稽な活劇のヒロインにして民衆の抱く憧れや好奇心に対応できる素朴なキャラクターだった。その後、怒濤のフランス革命を経て、ジャンヌ・ダルクが今日の「不可侵」の聖女キャラクターへと変身したのは、一九世紀のある人の書いたある書物が決定的な嚆矢《こうし》となった。それは近代的な歴史叙述として時代を画したジュール・ミシュレの『フランス史』第五巻「ジャンヌ・ダルク」である。

ミシュレはここで、ジャンヌを「世俗の聖女」une sainte laïque と言い切った。「世俗」laïque とは、「宗教的な」religieux の反対語であるが、フランス史の文脈の中ではカトリック教会とか聖職者の権威に基づく「クレリカル」clérical の反対語だ。それまで「聖女」というのはもちろんカトリック教会内での崇敬や民間信仰の中の用語だった。

ヨーロッパ近代の改革キリスト教や共和国主義は、聖人崇敬やカトリック教会の権威をまとめて切り捨てた。それに代わるものとして無理やり作られてきたのが「自由の女神」だの「理性の女神」

などのキャラクターで、カトリック色の濃い「聖女」という用語は、「共和国」のベースをなす「世俗＝非宗教」とは相いれない。しかし「聖女」や「聖母」というキャラクターが民衆の集合無意識にとって革命後も大きなインパクトを持ち続けていることは明らかだった。ミシュレはそこに「世俗の聖女」という新鮮な表現を提供したのである。

「世俗の」という形容を付したとき、「聖女」というイコンは民衆が教会権威の力を借りることなく自分たちで「聖性」を管理できるというシンボルとなった。フランス革命は既成の聖性を否定したものの、新しい聖性の創成には苦しんだ。ロベスピエールら初期の英雄たちは自ら恐怖政治の犠牲になってギロチンにかけられたし、国民軍を率いて国威を発揚したナポレオンも遠島で客死し、共和国の英雄たちの足跡には血溜まりが残されていた。

ミシュレはそこに、清らかな処女性に輝き、華々しい戦功を打ち立てた中世末期の救国のヒロイン「男装の乙女」ジャンヌ・ダルクを持ち出して、彼女こそが「世俗の聖女」であると称揚したのだ。

世俗の聖女とは民衆の聖女でもある。ジャンヌ・ダルクは「民衆を体現する英雄」のカテゴリーにぴったり入ることができた。その「民衆」を体現する要素とは次のようなものだ。

・地方出身であること。
・金持ちではないこと。
・ラテン語教育など受けていないこと。
・宗教行為が素朴なものであること。
・常識があって、身分を勘違いしない。

・人生の中で懐疑や弱さの時期を経験する。

実際のジャンヌはかなり裕福な名士の娘であったし、聖人の声を聞いたと言って当時としては常識はずれな過激な行動に走ったのだが、ミシュレのこの「世俗の聖女」宣言によって、ジャンヌ・ダルクはついに冒険活劇から逃れて新しい鋳型を獲得したわけである。

ミシュレはどちらかというとユグノーの家庭出身だが、パリ生まれでいわゆる共和国主義者《レピュブリカン》と自分を位置づけ、フランス革命以後の共和国教育の最も充実した部分を享受した世代である。歴史家としての彼の使命は、それまで一般的だった御用学者ではもちろんないが、単純な文献学者でもなく、自分自身の人格や思想に立脚し、共和国主義者《レピュブリカン》の立場から「フランス」成立の起源に迫ることだった。

フランス革命以前の旧体制下ではあらゆる「聖なるもの」は王と王の家族、教会と聖職者に占有され管理されていた。そんな世界において、共和国主義を先取りするかのように、王侯貴族でも教会関係者でもない「民衆」の少女ジャンヌが「フランス」という祖国の大義のために身を捧げたのである。ジャンヌはキリストと同様、自己犠牲を強いられることを知りながら自分に課せられた使命を遂行した、とミシュレは述べる。ここで重要なのは、ジャンヌの「聖性」が王という世俗の権威にも教会という宗教の権力にも根拠を求めず、ただの人として生まれて死んだイエス・キリストに直接根拠を置いていることだ。実際、ジャンヌは「王から忘れられ、教会から殉教させられた民衆の娘」であり、フランス革命が切り捨てた王や教会の対極にあると位置づけられたのである。

「フランス人よ、我々の祖国が一人の女性の心、彼女が我々のために与えてくれた血と涙とやさしさとから生まれたことをいつまでも記憶しよう」とミシュレは熱く語る。
四〇〇年前に火刑台の上で生きながら焼かれた民衆の少女の「聖性」こそが、血ぬられたフランス革命やナポレオン戦争などの呪われた記憶を浄化してくれるものだったのだ。

＊聖女の取り込み合戦

ミシュレによってジャンヌ・ダルクは、民衆の聖女になったと同時に、物語の人物から歴史上の人物へと生まれ変わった。一八四一年から四九年にかけて、はじめて、ジャンヌ・ダルクの裁判記録がラテン語で出版され、一八五六年にはフランス語訳が出版された。ジャンヌ・ダルクは、裸で空飛ぶロバに乗るヴォルテールの活劇のヒロインから、誰にでもアクセスができる共和国の共有財産となったのである。

そのジャンヌ・ダルク像がどのようなものであったかは、大事典『一九世紀ラルース』の一八七〇年版の記述からもうかがえる。科学主義の頂点にあった時代に、民衆の聖女ジャンヌの超自然的側面はどのように受け入れられていたのだろうか。

まず、ジャンヌがほんとうに聖人や天使たちの姿を見たりお告げを聞いたりしたのかという点に関しては、「ノン」である。次に、ジャンヌの行動の真の動機は、高揚した愛国主義であったとされる。ジャンヌに対する王の真の感情はと言えば、「無関心と警戒」であった。最後に教会の意図については、ジャンヌの使命を中断し、断罪して殺し、後の復権によって神話作りを果たしたというものであった。

このように、共和国主義者や当時の歴史家によるジャンヌ像の基本は、「王の犠牲者」「教会の犠牲者」でありながら祖国を守ることに身を捧げたヒロインであり、その聖性はやはり権力者に殺されたイエス・キリストになぞえられるということだ。このスタンスは、今でも、共和国主義者に支持されている。

ところが、「聖女」という業界語を耳にしたカトリック教会はこれに素早く反応した。最も早かったのは、オルレアン解放以来ジャンヌをローカルな聖女として祀り上げ続けていたオルレアンの司教デュパンルーである。彼は一八六九年にジャンヌの「聖性」をカトリック側の人間として公式に称賛した。

一九世紀の終わり頃というと、カトリック教会がヨーロッパの近代科学主義に反発して保守反動的姿勢に入った時期であり、フランスでも、激しい反教権運動や無神論運動の反動としてサン＝シュルピス主義と呼ばれる女性的な信仰熱が高まった時期でもある。救国のヒロインをカトリックの聖女と同一視しようという流れは必然的なものだった。早速、ジャンヌ・ダルクをカトリック教会に公認される正式の聖女にしようという動きが表れた。聖女の称号を得る前の段階には「福女」がある。この福女認定の手続きが一八七四年からオルレアンで始まった。

当時、過去に生きた信者を聖者の列に加えるには、三つの可能性があった。

一つは、民衆により伝統的に崇敬活動が存在する場合で、起源がはっきりしない民間信仰を公式化して教会の管轄下におくものだ（「等価列福」La béatification équipollente と呼ばれる）。しかしジャンヌの場合、オルレアンで毎年記念されていたとはいっても、キリスト教風の崇敬や巡礼などは存在していなかったのでこれにあてはめることはできない。二つ目は、殉教者として認定する方法だが、ジャンヌは後に復権されたとはいえ、教会の手によって火刑にされているのだから、歴史学者のダランが、これも困難であると判断した。三つ目は、その英雄的聖性の有無を伝記によって調査するというものだった。この第三の方法でジャンヌが聖人として認められるためには、まず詳細な伝記が書かれる必要があった。フランスのカトリック界は愛国心で盛り上がった。

この時、教会の聖女にふさわしいいくつかの特徴がジャンヌに付与されることになった。ひとつはジャンヌが貧しい家庭の出身であったこと、もうひとつは羊飼いであったことだ。一九世紀のフランスは、ルルドの洞窟と泉という新しい聖地とそこで新しい聖母を見たベルナデットという新しい聖女が誕生した時代でもある。ベルナデットは最貧の家庭の娘だった。ジャンヌ・ダルクにも、ベルナデットと同様に、一九世紀における理想の聖女像が投影されたのだ。

けれども、実際のジャンヌは動物の見張りをしたことは一度もないと証言（一四三〇年二月二二、二四日）しているし、貧しい小作農の娘でもなかった。

＊さまざまな反応

反カトリック勢力は、このようなジャンヌの取り込みの動きに過剰に反応した。ジャンヌ・ダルクを記念する共和国の祝日案が議会で多数決を得ていたにもかかわらず発布されなかったのはそのせいである。一八九〇年五月、高等師範学校司書でレオン・ブルムやシャルル・ペギーに影響を与えたリュシアン・エールは、「ジャンヌは我々の仲間である。教会は触ってくれるな、教会はもう十分聖人や聖女を持っていて我々はそれを奪うつもりはない」と訴えた。ジャンヌを教会に取り込むことは、「普遍社会主義共和国の実現のために死んだすべての人々」を冒瀆することになるからである。

といっても、共和国主義者のすべてが反カトリックだったわけではもちろんない。伝統的にカトリック色の濃い地方出身の政治家や学者たちの多くは、カトリック共和国主義者であった。彼らにとって、ジャンヌ・ダルクを教会の手で列聖させることは矛盾ではなく、むしろ共和国主義と信仰との理想的な融合だった。その代表的な人物は、歴史家であり、当時の公教育・宗教・芸術担当大臣でもあったアンリ・ワロン（在任一八七四−七五）である。

このワロンが、列福や列聖審査の基礎となった本格的なジャンヌ・ダルクの伝記を著した。一八六〇年の初版は人気を博しゴベール賞を獲得し、その後二〇世紀にいたるまで何度も版を重ねた（«Jeanne d'Arc d'Henri Wallon»でインターネット検索すれば、一八七六年版全文を閲覧できる）。一八九四年一月、ジャンヌはついに聖性を認められ、福女のさらに前段階である「尊女」の称号を得て正式に宗教的崇敬を許された。

ジャンヌ・ダルクをめぐる無神論的共和国主義者とカトリック共和国主義者の対立の騒ぎは、フランスがついにラディカルな政教分離を果たす一九〇五年を経てジャンヌがようやく列福される一九〇九年をはさみ、二〇世紀の初めに持ち越された。社会の隅々にまで及んでいた強大なカトリック教会の力を牽制して、政治や教育の場から閉め出そうとする人々の執念は強く、伝統的宗教観と共和国的理想との間に引き裂かれる社会の緊張は大きかった。その葛藤がジャンヌ・ダルクをめぐって表現されていたとも言えるだろう。

政治的立場を途中で変えながらジャンヌへの思いを貫いたことで有名なのはオルレアン生まれの文学者シャルル・ペギー（一八七三―一九一四）だ。若い頃は熱心な社会主義者で、ジャンヌをまさに社会主義共和国の基礎を築いた民衆の英雄として、長大な詩劇『ジャンヌ・ダルク』（一八九七）を無神論的社会主義の出版社から刊行した。ジャンヌの神秘性は純粋に内面的なものだととらえ、ジャンヌの召命は超自然の「声」によるものなどではなく、悪への反発という強迫によるものだとした。

ペギーは、一九一〇年頃にはカトリックに「回心」して、再びジャンヌ・ダルクをテーマに自由韻の長詩『ジャンヌ・ダルクの慈愛の神秘劇』（一九一二）を世に問う。そこには黙想と祈りが加わり、ペギーの「詩的祈り」という発想の基礎となった。ジャンヌをめぐる政治的思想的緊張が緩んだ今でも、この作品は上演され愛されている。政治的宗教的な論争の言説は古びることがあってもすぐれた詩的な言説は古びることがないらしい。ペギーはパリからシャルトルまでの一四四キロを徒歩で巡礼する美しい詩も残し、第二次大戦後、今まで毎年一万人以上の若者たちが同じ道を歩くようになった。

＊女優に受肉した聖女

一八九〇年に初めて『ジャンヌ・ダルク』を上演した女優のサラ・ベルナールは、ジャンヌ・ダルクになりきる必要があった。ジャンヌはフランスの救国のヒロインでありカトリック教会からも崇敬されている。そのジャンヌと一つになるためには自分のユダヤ性を消し去らなければならなかった。

ウジェーヌ・グラセによる初演時のポスターの最初のヴァージョンは、すでに国民的人気女優であるサラのキャラクターを前面に押し出したものだった。剝き出しの脚も勇ましく、サラのトレードマークである美しい巻き毛と、片手を胸に当て上方を見つめる独特のポーズ。

サラは、これをボツにした。

直毛で脚の隠れた若い女性の姿に描き直させたのだ。ラファエル以来、反ユダヤ主義者たちにとって、巻き毛には「ユダヤ人」の含意があった。そのジャンヌは、ポスターを見る人の方をまっすぐ見据えている。サラは、生身の女優サラ・ベルナールではなく、ジャンヌ・ダルクになった自分を表に出した。サラ・ベルナールの名とジャンヌ・ダルクの名は、同じ大きさのゴシック体で上下に分かれて書かれている。

片脚は台座に乗せ、もう片脚は一歩踏みだして、足先が「サラ・ベルナール」の文字に触れている。ジャンヌは台座に飾られる聖像ではなく、サラを通して生きた人間となり、アクションを起こすという意味がこめられている。

サラはこうしてジャンヌを受肉する依り代《しろ》となり、ジャンヌと一体化しながら、ジャンヌを国民的ヒロインの道へと導いていった。ジャンヌはカトリック教会の庇護下ではない新しい時代の「民主主義の聖女」となったのだ。

女優という世俗にまみれた人間が聖女の受肉を完成するという発想は、「イエス・キリストは神であり同時に人である」というフランス人の潜在意識に刻み込まれたキリスト教の教義に親和性がある。それでいて、ジャンヌとイエスにあった「罪なくして殺された」という共通点ほど宗教臭くはない。サラはジャンヌに新しい時代が求める「人間性」を付与したのだった。

といっても、一九〇〇年をはさんだ二〇年間にジャンヌ・ダルクが政治的立場や宗教的立場の違いによる抗争を超えてナショナリズムのシンボルとなったのは、もちろんサラ・ベルナールの手腕だけによるものではない。ジャンヌをカトリック教会の聖女と見なす勢力と、逆に「教会に殺された民衆のヒロイン」と見なす勢力は一九世紀において激しく対立していた。それはそのまま、政教分離に向けてフランスを二分していく亀裂の反映だ。その風向きが変わったのが一八八〇年代の終わりだった。愛国心を煽るポピュリズムによって人々をまとめようとする「ブーランジスム」Boulangisme の盛り上がりである。

＊ブーランジスムとジャンヌ

軍事大臣だったジョルジュ・ブーランジェ将軍（一八三七－一八九一）の一派が一八八七年の選挙に大勝することに結びついたブーランジスムというこの運動は、今でも歴史的な評価が定まらないほど奇妙なものだった。ブーランジェが第三共和政の議会に敵対的だったせいで、社会政策を推進したい急進的な修正主義からも王政復古を期する王党派からも、帝政復活を目ざすボナパルト派からも期待され支持されることになったからだ。

ブーランジェはすべての聖職者に兵役を義務付けたり、ドイツへの復讐を煽ってドイツ領になっていたアルザス・ロレーヌ地方の諜報活動に文官を起用したりというスタンドプレーで、保守革新の両方をナショナリズムでまとめあげることに成功した。そのカリスマ性によって民衆に直接訴えるやり方はファシズムにも似て、第三共和政にとって大きな脅威となり、結局、公安罪で逮捕令状が出された。ブーランジェはベルギーに逃亡した後、一八九一年に自殺し、ブーランジスムも終わりを告げた。

けれども、極左グループもカトリック右派もブーランジスムの狂躁の中で共に昂揚し、その「統合ナショナリズム」の熱は醒めなかった。人々のそのような好戦的ナショナリズムを吸収してソフトランディングさせてくれたのが、戦士であるが女性であり、王と教会に従順でかつ民衆の代表であるジャンヌ・ダルクだったのだ。自分の選挙区であったナンシーに据えられたジャンヌ・ダルク像について、民主共和党の政治家で作家であるモーリス・バレスが、ジャンヌが「新しいブーランジスム」の担い手として人々を魅了していると語ったことに、それが示されている。

政治的意見も信仰についての意見も分裂しあっている我々はジャンヌ・ダルクの中で和解するのだ、と述べたのはアナトール・フランスだ。一九〇八年の伝記小説『ジャンヌ・ダルク』の中で、ジャンヌの聞いたお告げの「声」は幻聴であり、オルレアンでの勝利もイギリス軍の実兵力が少なかったことによるなどと、宗教的軍事的神話を否定して、心理的側面のみを強調した。フランス軍に力を与えブルゴーニュ軍やイギリス軍を畏怖させたのはジャンヌの誠実さと勇気なのだ。

愛国的な軍隊は必要だが、それは戦略的であるよりも国民の一体感のためだという路線は、二〇世紀初頭にフランス社会党を結成した政治家ジャン・ジョレスも打ち出していた。ジョレスは平和主義者であったが、『新しい軍隊』（一九一〇）で国家の軍隊を論じ、一般社会が具体的に論議すべき社会学のアプローチを提唱した。

その後、フランスは、結局、帝国主義の潮流の中で第一次大戦に巻き込まれていく。普仏戦争の敗北（一八七一）から第一次大戦の始まり（一九一四）までの国内分裂の危機の後半において、フランス人の心のオアシスのように何とか育まれたのがサラ・ベルナールに息を吹き込まれたジャンヌ・ダルクの姿だったというわけである。

＊ジャンヌを演じた聖テレーズ

一九世紀末のジャンヌ・ダルクが聖俗を問わず国民的な人気のヒロインになっていたことを象徴する出来事がもう一つある。それは、後にやはり国民的な人気聖女となるカルメル会修道女、リジューの聖テレーズが、修道院内の芝居でジャンヌ・ダルクを演じたことだ。

一八七三年にノルマンディの熱心なカトリック信徒の家に生まれたテレーズは、一五歳でカルメル会の修道院に入った。修道院では、ちょっとした行事の折に、リクリエーションを兼ねて芝居を上演することがあった。才能豊かなテレーズは、一八九四年一月、当時修道院長であった実姉の祝日の出し物として『ジャンヌ・ダルクの使命』という劇を企画、上演した。そのすぐ後でジャンヌを「尊者」として崇敬することが教会から許可されたので、テレーズはますます夢中になり、アンリ・ワロンによる大部の伝記を手に入れて研究し始めた。『使命を果たすジャンヌ・ダルク』という続編を執筆し、翌一八九五年の同じ日にテレーズが主演した。修道女のヴェールの上から黒髪のかつらをかぶり、鎧を模した衣装をつけて軍旗と剣を持った。最後には、鎖に繋がれて「まだ人生の初めなのにこんな短い地上の生の後ではどんな報いを受けられるんでしょう」と嘆くジャンヌに、白い衣装に白い花の冠をつけた処女殉教聖女カトリーヌが現れて、「短くても、生きている間の魂が神に快かったか

ジャンヌ・ダルクを演じる聖テレーズ

ら、長く生きたのと同じ報いがありますよ」と励ます。火刑台にひきたてられるジャンヌは「神のみ旨は、人間たちの嫉妬に拘らず果たされるでしょう」と宣言する。ジャンヌを心の姉妹だと言う二〇代初めのテレーズは初々しく、芝居は受けて、たくさんの写真が撮られた。それだけなら、このことは、修道院内部にとどまっただろう。

ところが、そのすぐ後、レオ・タクシルというジャーナリストによる「ダイアナ・ヴォーガン事件」が起こった。

レオ・タクシルは、ブルジョワのカトリック家庭出身だったが、棄教してフリーメイソンに関する暴露記事をでっちあげたり、反カトリック的なスキャンダル本を次々と出して、無神論陣営で人気を博していた。その彼が、ジャンヌ・ダルクに目をつけて、異端裁判記録の研究にかかった。そして、再びカトリックに戻ったと公言して回心手記を著し、さらにアメリカ人のダイアナ・ヴォーガンという架空の女性の手記を発表した。ダイアナは悪魔崇拝結社やフリーメイソンの中にいたが、フランスでレオ・タクシルやカトリック教会に出会って回心の道をたどるようになるという内容である。レオ・タクシルは、ダイアナの回心が成就するようにジャンヌ・ダルクに祈ろうというキャンペーンを開始し、カトリック団体や修道院はダイアナの魂のためにこぞって祈った。やがてジャンヌのおかげで悪魔は退散し、ダイアナは敬虔なカトリックとなってジャンヌ・ダルク賛歌を発表し、カトリック界を感動させたが、それはすべて、レオ・タクシルの創作だったのだ。

レオ・タクシルから「世紀末の悪魔と戦う新しいジャンヌ・ダルク」と形容されたダイアナのことは、リジューの修道院でも話題になった。フリーメイソンに追われて身を隠しているというダイアナが修道院に来てくれればいいとテレーズたちは願い、ダイアナに宛てて寄せ書きを送った。そこにはジャンヌ・ダルクに扮したテレーズの写真も同封された。ダイアナからは、感謝の返事が届けられた。

ところが、一向に姿を現さないダイアナの実在をついに教会筋も疑うようになり、レオ・タクシルは、一八九七年四月にパリでダイアナの特別講演を開催すると発表した。その日は聖職者や自由思想家も集まり、外国からもジャーナリストがかけつけ、ダイアナの警護のために警察も動員された。演壇にスライドが映された。それはテレーズの扮したジャンヌ・ダルクの姿だった。

レオ・タクシルが登場し、ダイアナ・ヴォーガンなど存在せず、すべては自分の創作だったと得意気に暴露した。自分がカトリックに戻ったというのも真赤な嘘で、おめでたいカトリック教会をずっと欺いてきたのだと言い、ダイアナに寄せられた教会関係者や信者たちの感動や激励を嘲笑った。

会場は騒然となった。統合ナショナリズムのシンボルであるジャンヌ・ダルクに結びつけられたダイアナの姿は、左右の陣営の差を超えてリスペクトされていたからだ。

人々は怒って席を立ち、身の危険を感じたレオ・タクシルは裏口から逃げた。空になった会場の壇上にはジャンヌ・ダルク姿の若い修道女の写真だけがいつまでも映し出されていた。

この後、レオ・タクシルは、ペンネームをいろいろと変えてフリーライターとして生き延び、一〇年後に死んだ。

修道院でこの結末を知ったテレーズは、「ダイアナからの手紙」を細かく引き裂いて、黙って庭の肥料だめに捨てに行き、何のコメントも残さなかった。

テレーズは、五ヵ月後に、結核でからっぽになった肺を抱えて二四歳で死んだ。

その一年後に叔父の手によって出版された手記を読んで「近代の生んだ最大の聖女だ」と感銘を受けたローマ教皇が列福手続きを開始した。テレーズは一九二三年に福女となり一九二五年に聖女となった。死後二八年のことである。フランス中の教会に修道女姿のテレーズ像が飾られた。

死後四八九年後の一九二〇年に聖女となったジャンヌ・ダルクはそれから二年後に、聖母マリアに次ぐ二番目のフランスの守護聖女だと宣言された。テレーズの方は、一九四四年にジャンヌと並ぶフランスの守護聖女になっている。

＊さまざまな陰謀論——庶子説と生存説

歴史上の出来事に関する解釈において、昔はかなり自明だったはずのことが、現代に近づくに従って錯綜し、非現実的な異説が堂々とまかり通る場合がある。危機や不安が支配する時代が来る度に、人はシンボリックな意味を持つ過去の出来事を、都合のいいツールとして脚色するからだ。

それは歴史学者の研究ではなくて、フィクションであったり特定イデオロギーに色づけされた恣意的な加筆であったりするのだが、それらが多少古びる頃に、また別の説の「出典」や「裏付け」として使いまわされる。ジャンヌ・ダルク「伝説」もそうしてあらゆる方向に繁茂していった。

しかも、「メチエ」という専門家集団のテリトリー意識の根付いたフランスのような国では、「歴史学者」と「在野の歴史家」を隔てる溝は深い。非歴史学者がどんな突飛な説を広めようとも、歴史学者が異を唱えることはめったにない。

そしてそのような「根拠のない諸説」の大海からさらに複雑精妙な「陰謀論」を練り上げる一群のグループが一八世紀以来登場した。フランス革命とそれに続く無神論的状況が、陰謀論の成立を促したからだ。歴史の激震を説明し、失われた「神のみ旨」の代わりに「計画的に歴史を動かす」エリートの存在を人々が必要としたからである。そのような陰謀論者にとっては、歴史学者による黙殺もまた、陰謀の極秘性を確認するものでしかない。ジャンヌ・ダルクの物語もまた、その典型的な過程をたどった。実質権力を持たず、子孫も残さぬまま、たった数年の記録を残しただけで世を去ったジャンヌは陰謀論者にとって格好の素材だと言えるだろう。

近代におけるジャンヌ・ダルク物語の最初の「書き換え」は、ジャンヌ「庶子説」である。ジャンヌはシャルル六世の王妃だったイザボーとオルレアン公との間の「不倫の娘」であり、ドンレミーの田舎で育てられたが、一七歳で異父兄である王太子（シャルル七世）のために軍を率いて戦い、亡き父の領地オルレアンをイギリス軍から奪還する使命を果たすために歴史に登場したのだという筋書きである。

それによって、王太子が名もない娘に馬や兵を与えて騎士として遇したことの説明がつく。その根拠はイザボーが一四〇七年の末に子供を産んだという記録があることや、ジャンヌが王家の兵と共にドンレミーに連れてこられた一月六日の夜には村中が大騒ぎだったと記録されていること、王家と関係のあるダルク家の名が記録にあること、ジャンヌが「オルレアンの乙女」すなわち、オルレアン公の娘だと称されたことなどである。

けれどもこの説は歴史学者にとっては事実無根のものだった。

オルレアン公ルイはシャルル六世の弟で、イザボーの義弟にあたる。彼は一四〇七年に殺されているので、一四一二年生まれとされるジャンヌの父親ではあり得ないし、生後すぐ死んだイザボーの子供は男だという記録がある。クリスマスが定着するまでは、一月六日は公現節《エピファニー》という最大の祭だったので、一四一二年のその日に村が湧き立っていたのは当然であるし、ジャンヌがオルレアン公の娘なら既に四歳になっているわけだから、兵士たちが仰々しく庶子を隠しに来たというのも村人が興奮したというのも矛盾している。

ドンレミーは敵対するブルゴーニュ公の勢力内にあるオルレアン公側の飛び地のような場所で、庶子を安全に育てるのに適していない。現に、後にジャンヌと共に戦ったオルレアン公の庶子であるデュノワは嫡出子と共に育てられている。そもそもこの時代の王家では庶子の存在が隠されることはなかったし、王妃が秘密裏に出産することも不可能だった。シャルル七世の庶子も宮廷で育っていた。シャルル七世の異父妹が兄を支援するという構図も、彼の実の姉妹たちの誰ひとりとして兄の政略の道具とならず、チューダー家に嫁いでヘンリー六世の母となった者までいたのだから、異父妹が特に期待を集めたとも考えられない。

ジャンヌ・ダルクの父の名のダルクはラテン語の de Arco に由来して、橋の近くに住む人の通称となったものだ。いわば「橋本さん」という感じの珍しくない名であるから、王妃や大公の厖大な人脈をたどればダルクが出てきても不思議ではないし、それがドンレミーのダルクであるという記録は存在しない。ジャンヌが家族を無視したというのは間違いで、兄たちを軍に呼び寄せているし、ランスにやってきた父親は王から金一封を受け取っている。一介の村娘が重要な役割を果たしたからこそ、家族があらためて貴族としてとりたてられたのだ。

ジャンヌは初めは「ドンレミーの乙女《ピュセル》」と呼ばれ、外国人からは「フランスの乙女」と呼ばれ、「オルレアンの乙女」と呼ばれるようになったのは死後半世紀近く経った一四七五年以後のことだ。もちろんオルレアン公の娘という意味でなくオルレアンを解放した娘という意味である。

ジャンヌの庶子説を最初に唱えたのは一九世紀の初めにベルジュラックの副知事であったピエール・カーズだ。裕福なボルドー・ワイン商であるブルジョワ家庭の出身者で、無神論的な合理主義者だった。彼にとっては、庶民の娘が神の声を聞いたなどの奇跡譚や予言の話はとても受け入れられないことだった。それよりも、貧しい娘がある日突然王太子から妹であると認められプリンセスの待遇を得るというおとぎ話の方が好ましかった。ジャンヌ庶子説は、「神の声」という天のつながりよりも異父兄妹という「人の血」のつながりの方を納得するインテリの無神論的ブルジョワたちが紡いだものだったわけだ。

ジャンヌ「庶子説」に遅れ、一九世紀の最後の四半世紀に生まれたのがジャンヌ「生存説」である。イエスにしろ源義経にしろ、若くして非業の死を遂げた人が実は生きていたという異説は必ず生まれてくるものだ。ジャンヌは一四三一年五月三〇日に死んだのではなく、一四三六年から一四四〇年までジャンヌ＝クロード・デザルモワーズの名でロレーヌ地方に現れたという。軍装で戦いを続けながら、まだ終わっていなかった使命を果たしているとされたこの女性はやがて裁かれてジャンヌの詐称を認め、歴史から姿を消すが、「ジャンヌの生存と帰還」は当時からいろいろな人間の利害や野心に合致していたようだ。

しかし、一九世紀末にその「ジャンヌ生存説」がはなばなしく復活したのにはまた別のわけがあった。普仏戦争の敗北によるナショナリズムの高まりは「救国の聖女」の再帰願望を強めはしたものの、「戦う少女」はブルジョワジーのモラルにそぐわない。一九世紀末はブルジョワ女性を家庭と子女教育とセンチメンタルな信仰とに閉じ込めたがった時代だ。ジャンヌ・ダルクが英雄的に戦い英雄的に死んだという構図は決して「教育的」なものではない。ジャンヌの姿を当時の模範的な女性モデルにフォーマット化するには、ジャンヌの「悲劇のヒロイン」性は不都合だった。かくして、実は火刑を免れたジャンヌが、ロレーヌ地方の騎士であった兵士と結婚し子供をもうけて夫に従ったという物語が提示された。これによって型破りの戦う聖女であるジャンヌ・ダルクは時代の規範に合致する「良家の夫人」の型にはめられ、軍事的政治的責任を問われない被庇護者の姿で、安全で無難な愛国モデルとなったのである。

*「首謀者」ヨランド・ダンジュー

「庶子説」と「生存説」はそれぞれ別の文脈の中で生まれたものだった。前者は、「天の声」よりも「血縁」でジャンヌの使命と生涯を説明しようとする無神論的文脈に立つもので、後者は「悲劇のヒロイン」よりも「ブルジョワ夫人の従順さ」を大切にする社会規範的文脈に立つものだ。

ところが、一九三〇年代に入って、その二つの説を組み合わせた統合説が登場した。ジャンヌが王妃イザボーの娘、すなわちイギリス王ヘンリー五世の王妃の異父妹でヘンリー六世の伯母にあたるからこそ、イギリス軍はジャンヌを火刑にせずに逃してやったという説である。その後、数年かくまわれた後ジャンヌはデザルモワーズ夫人として再登場したわけだ。

今でもジャンヌ・ダルク生存論者にとっての「定説」として続くこの統合説は、さらに「陰謀説」へと発展する。ブルゴーニュ公陣営はジャンヌが宮廷に連れてこられたことを知っていた。オルレアン公の陣営はジャンヌに適切なアドヴァイスをして訓練した。それだけではない。もう一人の「首謀者」が登場する。それはシャルル七世の妃の母であるヨランド・ダンジューだ。ヨランドこそ、娘婿を王位につけるために、その異父妹ジャンヌが生まれた時から、将来のイギリス軍征伐のために彼女を育て上げるという計画の立案者だった。ジャンヌは少女時代からフランシスコ会修道士たちによるしかるべき教育を受けた。ジャンヌが聞いた「天の声」や聖人たちのお告げも彼らが仕組んだことだった。もちろんそのような「記録」や「証言」は残っていないが、国家の運命にかかわる遠謀であったのだから当然である。真相を語る書類はすべてヴァティカンの機密文書庫に厳重に保管されているのだという。

ヨランド・ダンジューの名は、ジャンヌ・ダルクの「処女性」を検査したこと、オルレアンに発つ時の装備や軍隊の経費を支払ったことなどで「正史」に登場する。

ヨランドはヨランド・ダラゴン Yolande d'Aragon（一三八一－一四四二）とも呼ばれ、スペインのアラゴン王の次女としてサラゴサで生まれた。アラゴン王には息子がいなかったので、長姉の死後ヨランドは王位を要求した。結局アラゴン王は叔父が継いだが、ヨランドは自分の息子であるアンジュー公にアラゴン王と名乗らせ、「シシリア、エルサレム、キプロス、アラゴン」の四ヵ国の女王と自称していた。一四一三年、娘をシャルル六世の三男と婚約させた。一四一五年にアザンクールの戦いでオルレアン公らがイギリス軍の捕虜となり、一四二〇年には、ヘンリー五世に嫁いだイザボーの娘の生んだ息子が将来のフランス王位を継ぐというトロワ条約が取り決められた。この間に、シャルル六世の息子に娘を嫁がせたヨランドの運命も大きく変化した。ブルゴーニュ公のもとにいたシャルル六世の息子たちが次々と死んだからだ。この時代に毒殺はよくあることで、ヨランドは娘婿や孫たちを自分の領地であるプロヴァンスに移してかくまった。ヘンリー五世は、精神病であったシャルル六世の摂政の立場も兼ねることになった。パリの最高法院もパリ大学もこれを認めた。兄たちの死によって繰り上げでシャルル七世となりながら母親からは廃嫡されてしまった娘婿を毒殺から守り、フランス王にするのがヨランドの使命になった。

一四一七年には未亡人となりアンジュー家の柱となったヨランドは権力志向もあり、戦略や人脈管理にも長けていた。一四〇〇年にアンジュー公と結婚してから死に至るまでの四二年間にヨランドがフランス史に与えた影響は少なくない。実質権力も持たず子孫も残さず一年ほどしか活動しなかったジャンヌ・ダルクよりもはるかに大きかったと言えるかもしれない。

王権神授説が王位の正統性を保証していた時代において、「神の声」を聞いてシャルル七世の兵を率いるという神がかりの少女の資質と可能性を見抜いて「賭け」に出たこともヨランドの功績だったと言えるだろう。しかし、刻々と変わる情勢と政治の駆け引きの中で、その都度流れを感知し機を見ることこそがヨランドの才知であった。王妃の庶子である小娘をひそかに教育して救国の乙女に仕立て上げる遠大な陰謀などは、非現実的で意味をなさない。

もっとも、陰謀説とまではいかなくとも、ジャンヌ・ダルクの存在をシャルル七世とアルマニャック派の戦略であると見なす考え方やジャンヌが貴族であるという解釈は、同時代から次の世紀にかけてめずらしいものではなかった。歴代教皇の秘書官で聖書の翻訳者でもあるマルタン・ル・フランは、ブルゴーニュ公国での教皇大使であった一四四〇年、ジャンヌ・ダルクは「単なる羊飼いではなく高潔な王家の者」だと述べた。

ローマ教皇ピウス二世（在位一四五八－六四）は、王国の権力者たちはイギリス軍の攻勢によって二手に分けられ、その一方がこの戦略（ジャンヌ・ダルク）を思いついたのだと考える者がいる、と言った。

広い人脈を利用した外交力で知られる軍人で、フランソワ一世（一四九四―一五四七）の友であった歴史家ギヨーム・ド・ベレイは『ガリア教会史』の中で、ジャンヌ・ダルクの物語は人為的で政治的な創作であったとして、ニンフのエゲリアから政治の助言を受けていたと言われるヌマ・ポンピリウス（王政ローマの二代目王）の事例と比較している。

ローマでグランヴェル枢機卿の秘書官だったユマニストのユストゥス・リプシウス（一五四七―一六〇六）は、古代ローマ史に登場するスキピオやセルトリウス、スッラらが、自分たちの正統性を証明するために雌鹿やアポロンの印璽《いんじ》などの小道具を利用したように、シャルル七世はジャンヌ・ダルクをうまく使ったのだと言った。

シャルル九世とアンリ三世の公式伝記作家で、ジャンヌ・ダルクと関係の深いアンジュー公の秘書官ベルナール・ル・ジラールは『フランス王通史』の中で、ジャンヌのキャラクターはシャルル七世の宮廷で創作されたものだとして、「私がこう述べること、これまでずっとフランス人が聖なる奇跡だと思ってきたことを否定してそれが作り話だったとしたのはよくなかったという人たちがいる。しかし時がいろいろなことを露にしたのであり、それらは信仰箇条のように重要なものではない」（一六一三）と言い切った。

＊「英雄性」をめぐる物語

これらの記録は、啓蒙の世紀に至る以前でも、ジャンヌ・ダルクの英雄性が、王権や教会とは違って決して神聖不可侵というわけではなかったことを物語る。少なからぬ人が、政治権力が聖なるものを利用して演出することは歴史上ではよくあることだとして、ジャンヌの物語を合理的に解釈しようとしていたのだ。これらの土台があったからこそ、啓蒙の世紀にヴォルテールがジャンヌ・ダルクを揶揄的に扱った荒唐無稽な冒険談は世に受け入れられたわけである。

ヴォルテールは、笑劇とは別に、フランス史の解説の中でジャンヌ・ダルクについて語っている。そこでは、策略家の修道士リシャールに傾倒していた女たちに囲まれたジャンヌ・ダルクを、デュノワが占い師として使っていたとされる。ジャンヌについては、「王と祖国に多大な貢献をするに足る勇気を備えていた不幸で愚かな娘は、四四人のフランス人司祭によって火刑を宣告され、イギリスへの供物とされた」と語られている。ヴォルテールはまた、予言と奇跡をなす「羊飼いの少女」ジャンヌを、もう一人の武将サントラーユの連れていた「羊飼いの少年」と並べて語っている。

ジャンヌがフランス兵を鼓舞したりイギリス兵を恐れさせたりしたことの絶大な効果を見たサントラーユはジャンヌがとらわれた後で、ヴィジョンを見るという羊飼いのギヨーム・ル・パストレルという少年をマスコットとして採用した。しかし最初にその少年を戦場に伴った時に、少年と共に敵の捕虜になってしまったという言い伝えがある。

このエピソードの真偽は定かでない。けれども、この少年とジャンヌ・ダルクを並べて語るということが、「大人の戦略に利用された子供たち」というヴォルテールの見方を表している。同時に、たとえ神の遣いを戦略的に採用したり要請したり演出したりしたところで、必ずしもうまくいくとは限らないことも事実であるから、ジャンヌ・ダルクの出自が何であったにせよ、彼女の果たした役割はそれ自体がひとつの奇跡であったという考え方もできるだろう。

実証的な歴史叙述で有名なポール・ド・ラパン・ド・トワラ（一六六一―一七二五）のように、ジャンヌを単なる政治の道具や神がかりの聖女として見るのではなく、ジャンヌの人間性に対して興味深い洞察を加える者もいた。トワラは、ジャンヌ・ダルクが短い公的生活の間にただの一度も勇気と徳の道から逸れなかったことに注目した。ジャンヌがシノンに現れたとき、彼女の心にはすでに固有の「英雄性」があった。もとより、「偽者」を教育するのは簡単だが、英雄を教育するとなると時間がかかる。刹那的に過ごしていた王太子の宮廷に、そのような企てが醸成されるはずもなかった。百年戦争のさ中に生まれその悲惨さを見聞きして、イギリス人という言葉を悪の化身のように耳にしてきた敬虔な少女が、夢の中で事態の解決を全能の神に期待することは不思議ではない。

その時代の娘たちが男たちと同様に槍を扱っていたという証言はあり、ジャンヌの場合は、シノンに行く途中やオルレアンに出陣する前の期間に槍や馬術をさらに訓練する時間はあった。何より、彼女の残した手紙は、飾りなく、強く、確信と覚悟の力をそのまま反映している、とトワラは考えた。ジャンヌ・ダルクは特異な時代の特異なキャラクターであり、それを全開させる事のできる例外的な機会を与えられた。どのような合理的な説明も陰謀論も宗教的粉飾も、ジャンヌ・ダルクを説明できない。彼女はすべての先入観や偏見を凌駕する彼女の一回性を生きたのだ。

ジャンヌ・ダルクを旗印にするグループの近代以降の流れを、ここでもう一度見てみよう。それは、大きく分けると四つある。
一、共和国主義、政教分離主義による世俗派
二、カトリック教会、カトリック信者
三、王党派、ナショナリスト
四、社会主義革命派
シャルル・ペギーのように四から二へと転向しながらジャンヌ・ダルクへの思いは持ち続けた者もいるし、共和国主義や社会主義とカトリックやナショナリズムが両立する場合もある。グループ一の成り立ちはローマ教皇の中央集権を嫌った反教権主義や無神論に結びついているので、反カトリックも多い。

世俗派として有名なのは無論、ジャンヌ・ダルクを民衆の聖女とした前述のミシュレであるが、それは、一九世紀のナポレオン戦争によって高まったヨーロッパ各国の民族主義的ロマン主義の大きな波から生まれた。ナポレオンに進撃された各国は、愛国心を刺激され、百年戦争のヒロインであるジャンヌ・ダルクに思い入れをしたのである。

＊裁判記録の再発見とジャンヌの「肉声」

ナポレオン戦争の余波の中でジャンヌの裁判記録が少しずつ流布しはじめていた。すでにルイ一五世の財務官であったフランソワ・ド・ラヴェルニィ侯爵が、ジャンヌ・ダルク裁判の写本を探索し、一七八七年に二八部を発見した。彼は「ユルフェ文書」とそれまで知られていなかった「オルレアン

手稿」をまとめ、一七九〇年に王立アカデミーから出版した王の手稿抜粋記録の第三巻において公開した。

ラヴェルニィ以前には、ジャン・シャプランの英雄叙事詩『ラ・ピュセルまたは解放されたフランス』(一六五六)という作品の前編(後編は未刊)が評判をよんだものの、歴史的な価値はなく、王や神などの権威を称揚するものでしかなかった。続く啓蒙の世紀にヴォルテールがそのパロディのような笑劇を書いたのも不思議ではない。ラヴェルニィのアプローチはまさに画期的なものだった。

ラヴェルニィはフランス革命の恐怖政治においてギロチンにかけられて死んだ。ジャンヌ・ダルクに再び光が当たったのは、ナポレオンの後の王政復古の時代で、一八一九年にルブラン・ド・シャルメットが、ジャンヌに関するさらなる資料を収集してよりロマン派的な解釈をした。革命とナポレオン戦争を経て、もう一度フランス王国のアイデンティティの形成が求められたのである。

裁判記録の登場により、それまで神がかりの少女、伝説のキャラクターでしかなかったジャンヌ・ダルクの「肉声」や、目撃者の証言が突然白日の下に現れた。しかも、その肉声は驚くべき誠実さ、真摯さ、素朴であると共に確固とした信念に満ちたものだった。

ジャンヌの生き方や死に方にもまた、当時、彼女を威圧的に囲んでいた権力者や百戦錬磨の戦士たちや敵でさえも圧倒するような見事な一貫性とカリスマ性の発露があった。ジャンヌの行状だけを追うならば、愚鈍、蒙昧、狂信、幻覚、ヒステリー、統合失調、癲癇、パラノイア、誇大妄想、など、いくらでも「負」のレッテル付けをする人が出てきてもおかしくない。しかし、ひとたび彼女の言葉を読み、彼女の言葉を聞いた人々の証言を読むと、ジャンヌの奇跡的な「健全」性がありありと浮かび上がってくる。

異端裁判も、復権裁判も、どちらも政治的意図によって誘導されたものではあるが、カトリック教会という官僚的な組織の中で行なわれた。民間の法治体制や裁判記録などが存在していないような時代から、カトリック教会は教会法を発展させ、あらゆる会議や審判において綿密で膨大な記録をラテン語という共通語によって残してきたのである。歴史の中で、重要な人物が戦いで命を落としたり、裏切ったり裏切られたり、討伐されたりという事例はいくらでもある。そこに愛国心や悲劇の主人公への思い入れや英雄神話などが形成されていくのはどこの国でも同じだ。けれども当事者の肉声が公式の記録に残されている例はほとんどない。新約聖書のピラトによるイエスの裁判は、「記録」ではなく、死後数十年を経た後の宣教的編集に過ぎない。源義経の悲劇は芝居になってはいても、頼朝と義経の糾弾や弁論の現場の「記録」が書き残されているわけではない。ジャンヌ・ダルクの裁判記録の再発見は真に衝撃的な事件だった。

ジャンヌ・ダルクは、カトリック教会の記録によって蘇った。すべての人がジャンヌの実像に感嘆したが、「カトリック教会の記録」という情報源を無視するわけにはいかなかった。特に、フランス革命によってカトリックやローマ教皇と一度は断絶して無神論の道を歩いていたフランスにとっては、その情報源の扱い方は多義的になり、微妙な問題をはらんでいた。一九世紀においては、まだカトリックと王党派とは強い相関性があったからである。

プロテスタント国のドイツ（当時はプロイセン王国）やアングロ・サクソン国では、カトリックと距離感があるので、むしろ、ジャンヌ・ダルクの再発見を中立的に受け入れた。ジャンヌはドイツ・

ロマン派の琴線に触れたといっていい。実際、ヴォルテールによる荒唐無稽なジャンヌ・ダルクの笑劇に対抗するように、シラーがロマン派悲劇の『オルレアンの乙女』を発表し、一八〇二年から四三年の間に二四三回上演された。フランスにも訳されて評判になった。シラーのこの作品は、ヴォルテールの作品と同様に史実を無視している。ジャンヌ・ダルクは戦場で死ぬのだ。史実をリスペクトしていないのになぜ受けたかというと、一人の少女が、自分や自分の手の届く地縁血縁の共同体をはるかに超えた大きなものに突き動かされて生きた軌跡に真実があったからだろう。ロマン派時代には翻訳熱が高まっていたから、フランス人もすぐにジャンヌの真実に触れた。この作品によってジャンヌは大衆の注意を惹き研究者の興味の対象になり始めたのだ。

＊プロテスタント国のスタンス

一八〇二年のドイツでは、シラーとアヴェルディに刺激された匿名の『ジャンヌ・ダルク物語』も登場し、一八世紀にロブシュタインが翻訳した裁判記録の一部が長々と引用された。同じ年、フリードリヒ・シュレーゲルが、ドゥニ・ゴドフロワによる一六六一年の『年代記選』を翻訳した。このようなジャンヌ・ダルクの史実へのアプローチがフランスではなくドイツで盛んになったのは、前述したように、ドイツ（プロイセン）がプロテスタント国だったからだ。現に、ユグノー戦争でフランスから逃げてきたプロテスタントのフランス人たちも、ドイツにおけるジャンヌ・ダルク再発見を推進した。フランスの王政復古時代のルブラン・ド・シャルメットの研究（一八一九）から王党派色を除いてよりロマン派的にドイツ語に翻案したのが、ユグノー戦争でフランスから亡命したプロテスタント家系のラ・モット・フーケであった。プロテスタントの国では、「カトリックによる異端審問」と「カトリックによる復権裁判」という情報源をめぐっての王党派と共和派の対立という構造から中立的な距離が維持できたからである。言い換えれば、フランスでは、反教権派は異端審問記録を重視してカトリック教会を非難していたし、王党派は復権裁判記録の方を重視していたというわけである。

近代においてジャンヌの裁判と復権に真の光を与えたのも、ドイツ人のグイド・ゲレスであった。カトリック神学者で宗教史家の息子であったゲレスは、一八三四年にジャンヌ・ダルク伝を発表し、フランス語訳が三度も出た（一八四〇、四三、八六）。ミュンヘンの図書館にあった裁判記録の写本をもとに再現されたジャンヌは、「神の剣」、「カシの大木を倒す一本の葦」であった。そこではフランスの王党派と関係のないドイツのカトリックの世界観と、ロマン派のメンタリティが融合していた。既成権力と関係なく、王抜きの民衆蜂起をも可能とする「一人の少女と神の意思」という関係が強調されたのだ。それは一九世紀後半に盛んになった心理学的アプローチを準備するものでもあった。一八四八年にヘッケルが心的現象としてのヴィジョンについて書き、ルター派のカルル・ハーゼがジャンヌの見聞した聖人や天使の姿や声に心理学的解釈を試みた。それはドイツのプロテスタント神学における聖書の非神話化と軌を一にするものであるといっていい。

一九世紀半ば以降、フランスのカトリックは、王党派離れしていく過程（王党派はカトリックであり続けた）で、ゲレスのジャンヌ・ダルク像を発見した。ジャンヌの異端裁判、復権裁判を担ったカトリック教会が、四〇〇年後にさらに列福審問を開始するためには、隣国ドイツからのインスピレーションが必要だったのである。

フランス考古学の基礎を築いたジュール・キシュラが異端裁判と復権裁判の記録を五巻本として出版したのが一八四一年から四九年にかけてのことであり、アヴェロン出身の上院議員ジョゼフ・ファーブルがその解説とフランス語訳を出したのが一八八四年と八八年であったことを考えても、ドイツのジャンヌ・ダルク研究はイデオロギーから自由だった分だけフランスに先行していたといっていいだろう。

＊権力によるジャンヌの取り込み

一八四一年、ミシュレが『フランス史』の一三五ページを費やして「生きた伝説」ジャンヌ・ダルクを民衆の聖女とした後、王政復古が一八四八年の二月革命によって倒れ、第二帝政が始まった。「この紛れもない史実の物語よりもすばらしい伝説があるだろうか。けれどもこれを伝説にしてはならない。どんな人間的な細部までも敬虔に保存しなくてはならない」とミシュレは言ったが、その決意は、一九世紀後半以来、さまざまな立場の人々によっていろいろな形をとって継承されていった。

王党派によるジャンヌ・ダルクの取り込みがよく分かる例は、オルレアン解放五〇〇周年にあたる一九二九年の王党派のシャルル・モーラスによる言説である。モーラスは、危機を乗り越えて秩序を取り戻すとすぐにジャンヌを忘れてしまうフランスの不義を憂え、不遇の時には解放者ジャンヌがフランス人の魂を結びつけてきたことを喚起した。そして、共和主義の政治家たちがジャンヌ・ダルクが何よりもフランス王のために立ちあがったことをたくみに隠してきたことを非難した。モーラスはその反ユダヤ主義と親ヴィシィ政権について弾劾されたが、後の極右ナショナリストのジャンヌ・ダルク取り込みと同じ流れにある。実際、一八九〇年以来、ドレフュス事件と共に、ジャンヌ・ダルクの美点をユダヤ人排撃と合わせて語る話法が現れた。エドゥアール・ドゥリュモンは『ユダヤのフランス』誌でジャンヌ・ダルクが土地に根ざした存在で努力と労働によって立つ健全な生き方のシンボルであるのに対して、土地を持たずに彷徨うユダヤ人は遊牧民のようなものだと書き、ジャンヌを裁いたコーション司教はユダヤ人に違いないとまで演説した者がでた。

フランスの第三共和政（一八七〇－一九四〇）の初期には、プロテスタント、実証主義者、極左といった陣営にもジャンヌの崇拝者が多かった。ジャンヌ・ダルクの裁判記録のフランス語訳の他にジャンヌの生涯について数々の著作があるジョゼフ・ファーブルは、ジャンヌ・ダルクを記念した愛国の祝日を制定しようと一八八四年に議会に提案した時、「ジャンヌ・ダルク教は、無神論者のいない唯一の宗教、愛国教である」と述べて、自由思想家と信者とを統合しようとした。左派共和主義者も極左陣営も、「教会によって焼かれた乙女」を共和国の祭日に招き入れることに賛成していた。しかし、カトリックの『ラ・クロワ』紙がそのことを、「殺人者の祝日（フランス革命記念日のこと）を無効にするいいチャンスだ」と書いたことで、右派と左派の溝が深まった。ようやく、共和国主義の『ル・タン』紙が「英雄的な娘が祖国そのものの姿でフランスを見守っている」と書いた一八九四年に、上院《セナ》を通過した。しかし、ジャンヌがカトリック教会に取り込まれていくのを見て、教会とは共有したくないという反対派のせいで、法案は結局陽の目を見ることがなかった。それでも、『ル・タン』紙の前述のような声明が示すとおり、ジャンヌ・ダルクがフランスの守護のシンボルであるという意識は共有されていた。しかし、彼らはジャンヌを教会とは共有したくなかったので、法案はいったん可決されたのに、陽の目を見ることがなかったのである。

＊ドイツ占領下における解放のシンボル

世紀が変わって、一九一三年には、アカデミー・フランセーズのエルネスト・ラヴィスが公教育の教科書の『フランス史』の中で、「すべてのフランス人は、彼女の王とフランスと私たちのために死んだすばらしいジャンヌを心をこめて愛さなくてはならない」と書いた。愛国者同盟のモーリス・バレスが、翌年の一九一四年には毎年の五月第二日曜をジャンヌ・ダルク記念日とするという案を国会に提出した。第一次世界大戦が始まった年である。

一九二〇年の五月一六日にジャンヌが晴れてカトリック教会の聖女になったすぐ後の六月二四日、国会でもようやくジャンヌ・ダルク記念日が通過して、フランス革命記念日に次ぐ第二の国民の祝日に定められた。ジャンヌは正式にすべてのフランス人に共有されることになったのだ。

ジャンヌを聖女にしようと運動を始めたカトリック勢力の方も、一九世紀後半の時点ではフランスの愛国王党派、ローマ教会中央集権派、リベラル派と、いくつかに分かれていた。一八五五年に最初にジャンヌを賞賛したオルレアン司教のデュパンルーは、ドミニコ会のラコルデール神父や立憲君主制を標榜するモンタランベール伯に近いリベラル派であり、一八七〇年の第一ヴァティカン公会議で採択された「ローマ教皇の不可誤性」の教義に反対していた。ローマ教皇レオ一三世は、一八九二年にジャンヌの徳性を認めて尊者の列に加えた。一九〇九年、ピウス一〇世がジャンヌを列福し、一九二〇年、ベネディクト一五世が列聖し、一九二二年、ピウス一一世によってジャンヌはフランスの第二の守護聖女とされた。
フランスのリベラルな司教が推薦したローカルな少女を、これら四人の教皇たちが次々とカトリック教会の聖女に向けて認定していった事実は、「フランスのカトリック教会が共和国と共存一致する」ことをローマ教会が承認したことと同義である。ピウス一一世は、シャルル・モーラスの七冊の著作を禁書にして極右王党派のアクション・フランセーズを弾劾（一九二六）した教皇でもある。一九〇五年から始まったフランスの過激な政教分離政策によって最悪の関係になっていたフランス共和国とカトリック教会が一九一八年に和解してから、カトリック教会はジャンヌ・ダルクを通じて、フランスの極左や極右とを牽制する道を選んだのである。

反教権主義の無神論者でジャンヌに批判的な者ももちろんいた。有名なのは一九〇八年のアメデ・タラマ事件だ。タラマはすでに一九〇四年にパリのリセ・コンドルセにおける高校一年の歴史の授業で、「奇跡を見ることなくしてはジャンヌを説明することも理解することもできない」と発表した生徒に「奇跡は歴史とは何の関係もない」と答えて、自著『ジャンヌ・ダルク——歴史と伝説』で述べたようにジャンヌの聞いたお告げの声を幻聴であるとする実証主義的な解釈を披露した。保守的な親たちの抗議を王党派議員のジョルジュ・ベリーが公教育大臣に伝えたことにより、ついに転勤を余儀なくされたタラマはジャンヌの処女性にも疑義を呈し、王党派から「ジャンヌを冒瀆した」と責められた。その年の一二月には、それをめぐってナショナリストの詩人ポール・デルレードと社会党のジャン・ジョレスが拳銃で決闘をする騒ぎに発展した。そのジャン・ジョレスも、一九一〇年に『新軍隊』の中でジャンヌを賞賛している。

四年後の一九〇八年にタマラはソルボンヌで毎水曜日に歴史教育の講座を持つことができたが、「カムロ・デュ・ロワ」（王党派新聞売り）と呼ばれる若者の王党派グループに実力で妨害されるようになった。大講堂は喧騒に包まれ、グループのリーダーがタラマを殴ったと言われる。タラマは逃げ出し、学生と過激グループは警官と小競り合いをしながらセーヌを越えてジャンヌ・ダルク像に花を捧げた。この事件は世間を騒がせて反タラマ派とタラマ擁護派は激しく対立した。

同じ一九〇八年に発表されたアナトール・フランスの『ジャンヌ・ダルクの生涯』は、ジャンヌの勇気や誠実さは認めるが、資料の信頼価値を疑問視し、超自然的な要素を相対化したことで、タラマと同じ懐疑主義の路線だった。オルレアンのイギリス軍は数が少なかったこと、ジャンヌは軍事的役割よりも心理的役割を果たした、彼女の聞いた声は幻聴であり、処女がフランスを救うという予言を流したのはカトリック教会の陰謀であった、などの仮説はスキャンダルを巻き起こした。当時の無神論イデオロギーのバイアスがかかった例であるが、カトリック教会や王党派によるジャンヌの偶像化とバランスをとるために必然的に現れたアプローチでもあった。

フランスで、ジャンヌ・ダルクが再びすべての党派、教会、無神論者から崇敬されるようになるのは、第二次大戦でドイツに占領された時代だった。ジャンヌは「フランス独立のヒロイン」と同義になった。親独ヴィシィ政権、フランス再建を準備するエリート養成校のユリアージュ、ロンドンに亡命している自由フランス、ブラジルに亡命中のベルナノスから、国内の共産主義レジスタンスの闘士たちに至るまで、五〇〇年前にフランスの解放のために戦って死んだ一人の少女に思いを託した。

一九四三年、ドイツ占領下のソルボンヌで世俗主義左翼運動家のジョルジュ・ルフェーブル

（一八七四－一九五九）からフランス革命史の講義を受けていた二〇歳の後の歴史家ピエール・ショニュは、ルフェーブルに聞いた言葉を、自分の学生たちに伝え続けた。ある日の講義で、最前列に軍服姿のドイツの士官が二人座っているのを見つけたルフェーブル教授は、フランスを賞賛する言葉と愛国心の必要性とについて長々と説いた後で「ジャンヌ・ダルクに触るやつは下種野郎だ」と講義を結んだのである。ソルボンヌの同じ教室で半世紀後にこのことを学生に語るショニュは涙を浮かべていたという。

社会主義革命派の思想家たちにもジャンヌは広く愛された。

ヒトラーの政権取得と共にドイツから亡命したブレヒトは前年の一九三二年に『屠殺場の聖ジャンヌ』という戯曲を書いている。一九三〇年代、シカゴの屠殺場で裕福な農家出身で救世軍の活動家のジャンヌ・ダルクが、屠殺工場でストライキをする工員とパトロンとの間に立って仲介しようという話だ。工員からも真に理解してもらえないジャンヌは自分の理想と物質主義の乖離に悩む。

この比喩的な作品の後で、ブレヒトはラジオ放送用の『ジャンヌ・ダルク裁判』という作品で、ジャンヌの証言記録をアンナ・セゲールと共に史実に忠実に編集した。これは、コミンテルンの書記長で後にブルガリア首相となったゲオルギ・ディミトロフが、ヒトラーに対抗する反ファシズム戦線を呼びかけた時に引用したことで有名になった。ディミトロフは「声」の民衆的政治的な深い意味を喚起し、「フランス人よ、汝の耕した汝の土地を解放せよ！」という台詞を引用して、それが現代において外国権力の支配下にあるすべての人民にとって価値ある呼びかけであるとした。

また、イタリアのマルクス主義者アントニオ・グラムシに傾倒していたペルーの革命家ホセ・カルロス・マリアテギは、非合理的で無意識的な奔流に流されるこの時代において、人間精神はジャンヌ・ダルクに近づく、われわれの嵐のうねりに運ばれてジャンヌ・ダルクはわれわれのもとに戻ってきた、と語った。

第四インターナショナルや、フランスの革命的共産主義同盟のリーダーとなった六八年世代のトロツキストであるフランスのダニエル・ベンサイドも一九九一年に『戦い疲れたジャンヌ』を著して、ジャンヌ・ダルクは、ある秩序が別の秩序に取って代わる過渡期に登場するキャラクターで、アカデミックな教会に対抗する民衆の信仰の勇者だと形容した。そしてシャルル七世の戴冠の後で第一線を引いて優雅な宮廷暮らしをできたにもかかわらずフランスにまだ解放すべき都市がある限りは戦い続けたことを賞賛し、教会や国家の都合や計算や妥協の犠牲となり、部隊ともいえぬ四〇〇人の傭兵のみを率いてコンピエーニュで捉えられた最期はボリビアのチェ・ゲバラの運命に匹敵すると語った。

ジャンヌ・ダルクは、極右から極左、王党派から共和国主義者、カトリックから無神論者、反ユダヤ主義者から革命家に至るまで、時代と共に、ありとあらゆる立場の人によって語られ続けてきた。

一四三一年の五月二八日、二ヵ月間続いたありとあらゆるハラスメントの末、ジャンヌは恐怖と疲労の極限状態で、「異端を捨てる」ことを強制された。終身刑と男装を捨てることを言い渡されたその日の四日後、再び男装をして審問廷に引き出されたジャンヌは、聖カタリナと聖マルグリットから、「異端破棄をすることによって彼女が合意した著しい背信」を神が大いに嘆かれたと知らされたからだと言った。

ジャンヌに認めさせた「異端」の根拠や手続きの確固とした正当性の岩盤が、牢獄の小娘に直接もたらされたという天の声の権威によって、完全に、覆された瞬間であった。

ジャンヌは「戻り異端」によって火刑台に上ることになったが、彼女の心と体はもう二度と、この世での加害者たち、自分たちの都合や利益や欲望によって彼女を踏みにじる者たちの方に向けられることはなかった。彼女の行動を支えうながし続けてきた天の声にのみ向かい合い、十字架のキリストが「父よ、私の霊を御手にゆだねます（ルカ二三－四六）」と言ったように、彼女や彼女をめぐる人々を超えた何か大いなるもののもとへと旅立ったのだ。

ニコラ・ショーヴァン　または蒙昧で勇敢な農民兵士

フランス語には「ショーヴィニスム」という単語があって、狂信的な愛国主義というニュアンスがある。「あの人はショーヴァンだ」というと偏狭なナショナリストという感じだ。この言葉の語源は、ニコラ・ショーヴァンという人物の名にある。ニコラ・ショーヴァンはロシュフォールに生まれ、一八歳でナポレオンの国民軍に志願し、あらゆる戦いに遠征し、体の前面に一七の傷を負い、三本の指を失い、肩と額を損傷し、故郷に戻ってきた。彼をモデルに、多くのヴォードヴィル芝居が書かれ、ナポレオン崇拝の「農民兵士」の物語はフランス中で有名になり、ついに愛国者の代名詞になったのである。最初から狂信的な愛国者というネガティヴな意味があったのではなく、単純朴訥で、情熱だけはあり、何者も恐れず国のために命を賭ける一途なキャラクターで、愚鈍な蒙昧さと勇猛果敢さがセットになっていた。最初にショーヴァンの芝居が上演されたのは一八二一年、王政復古のルイ一八世の頃で、そのイメージは、祖国のために勇敢に戦った後で郷里に戻って母と子どもを養うために剣を農具に持ち替える男、しかし、素朴な農民と古傷だらけの歴戦のつわものの顔を合わせもち、方言と軍隊言葉を混えて話す男である。彼の「男らしさ」は、戦争と、土地を耕す労働の両方をルーツとしている。やがて、一八三〇年の七月革命に続く七月王政の時代には、やはり彼をモデルにして『トリコロールの徽章』という農民兵士の芝居がパリで上演された。そこでは、フランスの農民兵士が占領軍として外国に駐留すると「愛の国」から来た男として土地の女たちにもてはやされる様子が描かれて、フランス人にはみな英雄になる素質がある、戦闘的なフランスへの盲目的崇拝とフランスのために死ねるという英雄性は両立すると謳われていた。その頃の「理想の兵士」像とは、アウステルリッツの戦い（一八〇五）でナポレオンと共に戦った後で故郷に戻って地道な仕事に戻った「農民兵士」だったのだ。

ミシュレは「われわれの農民たちはどうだと言われるのか？　彼らが兵役から帰ってきたところを見たまえ。世界最強のこの兵士らは、獅子奮迅の戦いの後、アフリカから戻ってすぐに、姉妹や母たちと共に穏やかに働き始めるのだ」と賞賛した。

アフリカとはどこのことだろうか。

そもそも、ジャンヌ・ダルクを民衆の聖女だと称揚して、一九世紀のジャンヌ・ダルク熱を開始させたミシュレが農民兵士を讃えたことと、ショーヴァンらナポレオン軍兵士の評価には、共通する何かがあるのだろうか。

答えは、七月王政（一八三〇－四八）の間に行なわれた北アフリカ、アルジェリアの植民地戦争である。七月王政の時代には、帝国主義的進出にともなう過酷な徴兵が人々の暮らしを圧迫した。同時に、産業革命にともなう社会不安や労働争議などに向けられる人民のエネルギーを、アルジェリア征服に振り向けることで国内の抵抗のガス抜きを図ったとも言えるだろう。つまり、ヨーロッパ支配に打って出たナポレオン軍の一兵士ショーヴァンに象徴される農民兵士とは、帝国主義における軍事的男らしさというジェンダー政策が生み出した理想型であったのだ。続く第二共和政の時代（一八四八－五二）は、二月革命のパリ市街戦で始まった。その時に七月王政の軍隊が人民を弾圧したことを忘れさせるために、新しい「共和国」は、「兵士＝農民」が一致することを宣伝する必要があった。そこでまたショーヴァンの登場である。農民兵士こそフランスの田舎の共和主義者なのだ。「農民は土地のために血を流し、いざとなれば麦の穂のように敵を刈る」と言われ、「槍と鋤によって」ense et aratroの農武両立がもてはやされた。このプロパガンダは第二帝政においても続いた。税を払い国を守りすべての人を養う農民こそ英雄である。詩や小説作品を多く残した聖職者オーギュスタン・デヴォワルは、農民兵士は神の兵士であると形容した。田舎兵士たちだけが真の男である、なぜなら、フランスの田舎ではキリスト教が健在であるからだ。

そこに注目すれば、フランスの地方における素朴な農民、キリスト教徒、篤い信仰、祖国への愛、勇気、戦闘における自己犠牲、などが一体となっている。また、「農民兵士」の英雄性のプロパガンダと一九世紀半ばにおけるジャンヌ・ダルクの急速な再発見と称揚の歴史が重なって見えてくる。貧しい羊飼いの少女ジャンヌが田舎を出て、祖国愛のために志願して戦闘に赴き、勇敢に戦ったという話の構造である。ただしジャンヌは女性であり、占領軍を追い出す「防衛戦争」をした。一九世紀のフランスは帝国主義的侵略戦争をしていた。彼らにはジャンヌを補うショーヴァンという農民兵士のキャラクターが必要だったというわけだ。

一九九三年、ジェラール・ド・ピュイメージュによる博士論文が、このニコラ・ショーヴァンが架空の人物であったことを明らかにした。蒙昧な愛国主義者という普通名詞にさえなったショーヴァンというナポレオン軍の農民兵士は、歴史上に存在しなかったというわけだ。そして、長い間まるで神話の人物のように語りつがれていた一五世紀の戦う少女ジャンヌ・ダルクの方は、その肉声の記録や目撃証言の記録が、次々と発掘されてきたのである。ジャンヌ・ダルクは、ショーヴァンのように蒙昧でもなく、農民でもなく、兵士でもなかった。ジャンヌは、独特の知性があり、富裕な家の娘であり、指揮官だった。ショーヴァンのように「架空の存在」ではなく、「奇跡の存在」だった。ニコラ・ショーヴァンは侮蔑的な言葉となって残ったが、ジャンヌ・ダルクはひとつの輝く謎として、今も生きている。

終章

お告げを聞いた二人の少女

＊ジャン・アヌイ『ひばり』

ジャンヌ・ダルク生誕六〇〇年が祝われた二〇一二年の初夏、パリのテアトル・ド・モンパルナスでジャン・アヌイのジャンヌ・ダルク劇『ひばり』がクリストフ・リドンの演出で上演された。この芝居は、同じ劇場で、半世紀以上前の一九五三年にシュザンヌ・フロンの主演で初演されている。

今回のジャンヌ・ダルク役は、アニー・デュプレイとベルナール・ジロドゥの娘で二六歳のサラ・ジロドゥだ（二〇歳で、やはりアヌイの『白鳩』で母親と共演してデビューしている）。シャルル七世役は、やはり二世俳優で、歌手のミシェル・サルドゥの息子のダヴィ・サルドゥという若手が出ていることも話題だった。

ジャンヌ・ダルクというと普通は短髪なのだが、牢獄のジャンヌは九ヵ月も拘束されていたのだから、髪はのびていただろうというので三つ編みになっていて、幼い少女のような雰囲気がより強調されているせいで、審問官らを前にした堂々とした様子がさらにコントラストをなしている。

脚本も演出も俳優の演技もそれぞれ素晴らしいのだが、それに加えて、なんといっても、ジャンヌ・ダルクという歴史的人物自身の生《なま》のカリスマがみなぎっている。

「私は（天の）声を聞いたその時に初めて生まれ、やれと言われたことをしている時に生きたのです」

と、自分の生の意味を理解してはじめて死を受け入れるシーンは、それまでの、ユーモラスでかつドラマティックな展開のすべてをまとめあげて、舞台も観客もいっせいに、ジャンヌ・ダルクの見ていた世界にテレポートしてしまう。

テキストがところどころ今の世相を揶揄したものになっていることもあるのだが、とにかくまったく古びていず、真実というものは、あるところにはいつも厳然としてあるものだと分かる。

ジャンヌがその短い人生において、もっともヴァイオレントに制裁を受けたのは、審問法廷や牢獄や火刑台よりも、ひょっとして、家族や村人の無理解を突破しなくてはならなかった時かもしれない。父親に打擲されるシーンでのジャンヌは、この芝居中で一番弱く幼くはかなく見える。家族からの制裁というある意味で最大の試練を克服した後のジャンヌにはもう怖いものはなかった。家族の支配下にある小娘は神の使いに変身したからだ。

イギリス軍を追い散らしてオルレアンを解放しろと神が望んでいる、と強弁する少女ジャンヌを、シャルル七世が「そんなことを言っても、イギリス人だって同じ神に祈ってるんだよ、で、神はより多くの軍隊とより多くの金を持っている側にいつもつくことに決まっているのだ。軍隊も弱く金もない私にはとうてい無理なことさ……」というニュアンスで一笑に付そうとした時、ジャンヌは「それは違うわ、神は勇気のある方につくのよ」ときっぱり言いきった。

「たいせつなのは、なにかとても大きなことを言って、それを何度も繰り返すことよ。そうやってひとつの真実を創るのよ。私は新しいアイディアを話しているけれど、それが立派な道になるって確信してるわ。」

＊聖母マリアの場合

思えば、イエス・キリストの母マリアが、天使から受胎告知を受けた時と、やはり天使から声を聞き始めた頃のジャンヌは同じくらいの年の娘だった。マリアの場合、ナザレというローマ属領の辺境にわざわざ天使が来て、神に選ばれたと少女に告げたわけだ。少女は、突然の受胎を告知されて最初は驚くが、すぐに、アーメン、フイアット、レット・イット・ビー、み旨のままに、お言葉どおりこの身になりますように、という感じで受け入れた。

そのことも、年端のいかぬ少女とは思えない驚くべき選択ではあるが、自ら行動を起こすように言われたわけではなく、あくまでも「受胎」とか「受け身」とかいう「受動」にとどまる。

ジャンヌ・ダルクの方も、フランスの辺境の田舎で暮らしていた少女なのに、突然やってきた天使から使命を告げられたのだが、こちらの方は、自分で兵士を率いてイギリス軍を追い出せ、と言われたのだから「え、そ、それは、お人違いでしょう」とあわてたのも無理がない。なるようになるとか、み旨のままに、とかいう受け身でじっと耐えたり待っていたりすれば事足りる命令ではない。

十代半ばの田舎娘に、

　馬に乗れ、

シノンに行って王太子を説得しろ、
軍隊を率いてオルレアンに行って戦え、
王をランスに連れて行って戴冠させろ、
などというのは無理難題というしかない。
聖母マリアのいいなずけであったヨセフは、悩んでいた時に、夢で天使のお告げを聞いて幼い妻の使命を教えられて、マリアを守る側に回り最大の味方になった。ところが、ジャンヌの場合は、神は、ジャンヌの親や守備隊長や王太子や聖職者やらに対して、お告げだの夢だのによる「根回し」すらしてくれていなかった。
使命の遂行のすべては、ジャンヌに、ジャンヌだけに、かかっていたのだ。
キリスト教の歴史の中では、時々聖人や聖母が一介の信者の前に現れて「ここにチャペルを建てろ」などとあれこれ難題を吹っかける話がある。困った信者はそれを司祭に伝えるのだが、もちろん相手にしてもらえないし、しつこく迫ると、では証拠に奇跡を起こしてもらえ、などと言われる。で、時々、泉が湧いたり、季節外れの花が咲いたり、マントに聖母像がプリントされたり、花びらの雨が降ったりなどの「奇跡」が恵まれる。
ジャンヌ・ダルクはそういう「徴し」も恵んでもらえなかった。彼女に与えられたのはインスピレーションだけだった。
村を出ること、
守備隊長を説得して、シノンの王太子のもとに行く手配をしてもらうこと、

王太子を説得すること、神学者たちによるチェックに耐えること、
歴戦の将官たちと渡り合うこと、戦火をくぐること、
そして、宮廷全部を移動させて敵地にあるランスの大聖堂での戴冠式にこぎつけること。
不可能に次ぐ不可能を彼女は次々と可能にした。

まるで、一つ一つの困難こそが彼女を最後の栄光に導くための力を与えるために必要不可欠の試練であったかのようだ。

アヌイが、『ひばり』の中で、ジャンヌがランスで人生の頂点に到達したと見なして幕切れのシーンに採用したわけがよく分かる。ランスでの到達点に比べたら、その後の敗北や逮捕や異端審問や火刑台で生きながら焼かれたことなどは、ひょっとして、別の位相の出来事なのかもしれない。

＊私たちが聞く二つの「声」

地方の庶民の一七歳の少女が、王や聖職者や軍人たちと渡り合い、一国の歴史の流れを変えた。その悲劇的な最後までを見るからひとつの数奇な人生のように思われるけれど、彼女の「されたこと」ではなく、「したこと」や「言ったこと」だけに注目すれば、まさにそのままが奇跡だ。彼女に吹いた聖霊の風は、彼女の残した言葉を今も震わせている。聖女の発した言葉の持つ抵抗することのできないほどの圧倒的な駆動力は、中世の王や兵士たちだけではなく、二一世紀のパリでも、舞台の上で

ジャンヌを演じるシャーマンの華奢な全身を経由して、観客の魂を一気に高みへと運び去る。

与えられた使命がどんなに不可能に思える時でも、一五世紀のこの少女がそうしたようにゴールに向かっておそれずに進めば、不可能が可能になることがあるのだ。

聖母マリアの受容と聖女ジャンヌ・ダルクの能動ぶりとは、対極にあるようにも見える。けれども、二人の少女は、それぞれの仕方でお告げを聞いて、迷うことなく歴史に参入した。私たちには、人生で、抵抗せずに何かを受容せよという声を聞く時と、不可能に挑戦すべく突き進めという声を聞く時と、両方あるのかもしれない。

おわりに

二〇一二年の一月六日、フランス大統領ニコラ・サルコジは、ジャンヌ・ダルクの生誕六〇〇年を祝うためにロレーヌを訪れた。大統領選を控えた年である。一九八八年以来、毎年五月一日にはパリのジャンヌ・ダルクの銅像の傍に集まる極右国民戦線党《フロン・ナショナル》の支持票を取り込むためのパフォーマンスであると受け取る人が少なくなかった。国民戦線党から出馬した大統領候補は創設者の娘のマリーヌ・ル・ペンである。父親がジャンヌ・ダルクに託したような外国人排斥の言説は避けて共和国主義を打ち出しているが、そのナショナリズムは、ヨーロッパ連合からフランスを守るというテーマにシフトしている。

すでに二世紀もの間、あらゆる政治的文脈においてあらゆる政党に使いまわされてきたジャンヌ・ダルクであるが、彼女の本当の戦いとはいったい、なんだったのだろうか。

この本では、イギリスとの関係における祖国愛の戦い、ジェンダーによる抑圧の戦い、宗教と政治のアマルガムとの戦いの三つについて考察してきたが、そこから共通して見えてくるものがひとつある。それは、「個人の尊厳＝人権」と「共通善＝公共の利益」、そしてそのどちらかを都合よく旗印にしながら「少数による多数の支配を図る強者の論理」との関係である。

封建領主の林立する中世ヨーロッパには、「人権」の概念も「共通善」の概念もなかった。百年戦争の間、勢力ある領主たちが自分たちの欲望に従って利益や権力の拡大のために争いながら、彼らに税や労役を収奪される立場にある農民や都市民たちの生活の場を浸食し崩壊させていた。「共通善」とか「公共の利益」などという考えはもとよりない。一方、マスとしての被害者の方にも、共通の被害者意識はなかった。彼らはマスとして搾取され踏みにじられてはいたが、苦しんでいたのは毎日のサバイバルで精一杯の、ばらばらの犠牲者だったからだ。

戦争の度に傭兵たちに強奪され、土地や家屋を焼かれ、尊厳や命を奪われていた中世の貧しい小作農ももちろんそうだが、帝国主義時代に「新大陸」に売られた奴隷から、ひいてはナチスの全体主義のスケープ・ゴートとなって収容所に送られて殺されたユダヤ人まで、完全に尊厳を奪われた犠牲者たちが、共通の利益のために連帯するなどということは、至難の業なのだ。

「共通善」を意識するためには個人の悲惨を超えた視座が必要であり、生存の極限状態でそこに到達するのは限りなく不可能に近い。

そんな時代の真っ只中で、ロレーヌの一少女が、たった一人で、フランスという名を持つ「共通善」を創りだした。

もちろん、そんな時代においても「神の国」だの「魂の救い」だのという「共通善」らしき題目を旗印に掲げていた教会などの勢力は存在している。しかしそれは、ほとんどの場合、個人や、特殊な地縁血縁の共同体が、弱者に対する権威の行使を正当化するものでしかなかった。彼らはもの言わぬ「神」の名を借りて、力によって、相対的な弱者を踏み潰したり、弱者の言動を規制したり強制したり命令していたのである。

ジャンヌ・ダルクが聞いて、信じて、従った神の声は、「共通善のために命を捧げよ」というものであった。けれども、「神」は、それを強制したり命令したりすることはない。

「神」は、ただ、個別の人間を「選ぶ」のである。そして、神の声を聞き選ばれたと信じた個人には、それを聞かない自由、答えない自由、拒否する自由がある。個人に対して共通善のために命を捧げよという呼びかけは、呼びかけられた人の自由な選択によってのみ有効となるのだ。たとえお題目としての共通善だの公共の利益などがどんなに立派そうに聞こえても、それを旗印にして何びとも、個人の決断を強制することはできないし、個人に別の個人を殺させたり弾圧させたりはできないのである。

「天の声」を聞いて、信じて、従ったジャンヌ・ダルクは、自分の家族や村だけを守ることを考えず、時代の悲惨さを前にして、フランスを守るという決意に突き動かされた。その行動は、一貫して、祈りや典礼によって「天の声」のみにつながり、導かれていたので、味方や敵の現世的な欲望や思惑に足もとをすくわれることがなかった。

それが、ジャンヌ・ダルクの「奇跡」である。

二一世紀の今は、グローバリゼーションの結果、フランスでも日本でも、人権や自由を「制限なき自由競争を正当化するもの」だと言い換える弱肉強食の時代が訪れている。

さらに社会全体、地球全体の発展のためにという「共通善」の名目で地域開発や技術革新が、実はごく少数の強者、勝者のグループの私的な利益を最大化するためにのみ都合よく展開されている。神が民主主義と言い換えられたり、絶対王権が民主主義大国のヘゲモニーに姿を変えたり、傭兵軍団が多国籍企業になったり、形は変わろうと、ジャンヌ・ダルクの戦った中世と基本構造は変わらないのである。

偏狭なナショナリズムの煽りによる問題のすり替えや、ジェンダーによる差別や抑圧や、宗教と政治の癒着の問題も、何一つ変わっていない。

ジャンヌ・ダルクの戦いは、終わっていない。

あとがき

「もしお前に真の悔悛が現れるなら償いの秘蹟が授けられるだろう。」

一四三一年五月三〇日、ジャンヌ・ダルクが耳にした「戻り異端」の判決の、最後の部分である。

結局、ジャンヌは火刑台に送られる前に望みどおりマルタン・ラドヴニュという修道士に告解して免償を受け、聖体を拝受した。戻り異端の判決を下したコーション司教自身が、その許可を与えたのだ。

「わたしに向かって、『主よ、主よ』と言う者が皆、天の国に入るわけではない。わたしの天の父の御心を行なう者だけが入るのである。(マタイ七―二一)」というイエスの言葉は、最後の審判をおそれる当時の人々の心に根を下ろしていた。ジャンヌを異端者として殺すという「この世の裁き」と、「神の前の裁き」とが別物であるということを彼らはすでに知っていた。天使たちから「乙女ジャンヌ、神の娘」と呼ばれたというジャンヌの言葉を否定することは、人間には、できなかったのだ。

人には小さな人生と大きな人生があり、小さな運命と大きな運命がある。

今でも、人の人生や業績の評価は後世が決めるとか歴史によって裁かれるなどという表現がある。この世で起こるリアルタイムの不幸や不公正を前にすると私たちは「神も仏もあるものか」と口にするが、時代や場所によって変わる善悪や幸不幸の基準とは別に時空を超越する別の次元があると薄々気づいているのかもしれない。そこではこの世での評価はもちろん「罪と罰」や「因果応報」なども意味を持たない。そのような次元に向かって自己を開いて生きるのが大きな人生であり、大きな人生には大きな運命が働く。長い目で見て歴史の流れを変えるような生き方をした人たちの多くは、死を超えて、後世の人々を大きな運命にいざなうメッセージを送り続けているのだ。一方で、技術革新によって日常の生活がどんどん便利になり消費行動に心を奪われているうちに私たちの感性はむしろ狭まってくる。刹那的な情報の海の中で溺れたり、「今ここで」の欲望充足や危険回避のアンテナばかりを働かせたりする。私たちは小さな人生と小さな運命に捕らわれているのだ。

日本ではもともと、禍福はあざなえる縄の如く、世は塞翁が馬というように小さな人生の終点でプラスマイナスゼロになっていればいいという諦念のようなものがあったし、大きな人生や大きな運命を視野に入れていた時代でも、その多くは、ご先祖さまから受け継いだものを無事に子孫に伝えていくというような共同体的な見方が主流だった。家系や家督とは別のところで普遍的な問いかけが世代を超えて次々と生まれる土壌はなかったと言えるだろう。

ジャンヌ・ダルクの生と死とその衝撃波の軌跡が、私たちに大きな人生とは何かを教えてくれる。

六〇〇年前に生まれた少女は、「時代の子」としてではなく「神の娘」として一七歳で英仏の運命をかけた戦場に突入し、二年後に、生きたまま焼かれた。生きていた間はさまざまな権力者の思惑に翻弄されたが、死の間際には秘蹟によって永遠の地平における解放を約束され、その約束通りに大きな人生を今も生き続けている。

小さな人生の閉塞感の中で心が折れそうな人、小さな人生で自分だけ無難に逃げ切るよりも終りのない大きな人生に参加して普遍性の航海に出発したい人、小さな運命から突きつけられる小さな人生の終戦勧告を無視して大きな運命の弾丸《たま》のとびかう戦場に駆って出たいと思う人たちの行く手を照らすために、ジャンヌ・ダルクを焼いた炎は消えることがない。

そんなジャンヌの炎が見えている白水社の及川直志さんのご助力でこの本は仕上った。心から感謝の意を表します。

二〇一三年五月　著者

著者紹介
竹下節子（たけした　せつこ）
比較文化史家・バロック音楽奏者。
一九七六年よりフランス在住。
著書に「ジャンヌ・ダルク　超異端の聖女」「聖母マリア〈異端〉から〈女王〉へ」「知の教科書キリスト教」（以上講談社）「キリスト教の真実西洋近代をもたらした宗教思想」（筑摩書房）「聖女の条件　万能の聖母マリアと不可能の聖女リタ」「無神論　二千年の混沌と相克を超えて」「聖者の宇宙」（以上中央公論新社）他多数。
公式サイト　http://setukotakeshita.com/
ブログ　http://spinou.exblog.jp/

戦士ジャンヌ・ダルクの炎上と復活

二〇一三年六月一〇日　印刷
二〇一三年七月五日　発行

著者 © 竹下節子
発行者　及川直志
印刷所　株式会社三陽社
発行所　株式会社白水社
東京都千代田区神田小川町三の二四
電話　営業部〇三（三二九一）七八一一
編集部〇三（三二九一）七八二一
振替　〇〇一九〇‐五‐三三二二八
郵便番号　一〇一‐〇〇五二
http://www.hakusuisha.co.jp
乱丁・落丁本は、送料小社負担にてお取り替えいたします。

誠製本株式会社

ISBN978-4-560-08295-9

Printed in Japan